Franz-P. Tebartz-van Elst (Hrsg.)

Entflamme in uns die Sehnsucht nach dem Licht

Tauferinnerung in der Verkündigung des Kirchenjahres

Feiern mit der Bibel

Band 2

Franz-P. Tebartz-van Elst (Hrsg.)

Entflamme in uns die Sehnsucht nach dem Licht

Tauferinnerung in der Verkündigung des Kirchenjahres

Verlag Katholisches Bibelwerk

Die Deutsche Bibliothek - CIP-Einheitsaufnahme

Entflamme in uns die Sehnsucht nach dem Licht;
Tauferinnerung in der Verkündigung des Kirchenjahres
Franz-P. Tebartz-van Elst (Hrsg.)
[Autoren Margarete Niggemeyer ...]
Stuttgart: Verl. Kath. Bibelwerk, 1996
  (Feiern mit der Bibel; Bd. 2)
  ISBN 3-460-08002-7
NE: Tebartz-van Elst, Franz-Peter [Hrsg.]; GT

Mitarbeiter- und Mitarbeiterinnenverzeichnis

Herausgeber
Dr. Franz-P. Tebartz-van Elst, Domvikar, Münster

Autoren/Autorinnen
Prof. Dr. Margarete Niggemeyer, Professorin em. für Religionspädagogik,
Katholische Fachhochschule Norddeutschland Osnabrück

Lic. theol. Franz Schneider, Dozent für Liturgiewissenschaft,
Philosophisch-theologisches Studium Erfurt

Dr. Werner Thissen, Generalvikar der Diözese Münster

Satz: Prisma Fotosatz GmbH, Stuttgart-Bad Cannstatt
Druck: Druckerei Steinkopf, Stuttgart
Titelfoto: Diakon verkündet die Osterbotschaft, Exultet-Rolle 12. Jh., Troja,
Foto: Buch-Kunstverlag Ettal, © Buch-Kunstverlag Ettal

Inhalt

6

A Entflamme in uns die Sehnsucht nach dem Licht

I Einführung in den Band, seine Konzeption und seinen Gebrauch *(Franz-Peter Tebartz-van Elst)*

„Allmächtiger Gott, segne dieses Feuer, das die Nacht erhellt und entflamme in uns die Sehnsucht nach dir, dem unvergänglichen Licht!", so betet die Kirche zu Beginn der Osternachtfeier. Wenn dann plötzlich aus der Glut des entzündeten Feuers Flammen schlagen und mit dem Docht das Licht für die Osterkerze gewonnen wird, verliert das Feuer alles Zerstörerische. Es wird als Symbol eindeutig und macht im tieferen Sinne anschaulich, wie es um den Glauben von Christen bestellt sein kann, die vor langer Zeit getauft wurden, ihre geschenkte Taufgnade aber nie oder nur sporadisch bewußtgemacht oder gar aktiviert haben. Gerade im Dunkel menschlicher Lebenssituationen, in Erfahrung verfahrener Entwicklungen und in der Lähmung durch leere Gewöhnlichkeit kann sich die Sehnsucht nach jenem Licht entzünden, das neue Horizonte aufleuchten läßt. Wo Menschen sich nach etwas ausstrecken, das sie längst als tief in ihnen angelegt erahnen, sagt die Psychologie, daß sie sich auf dem Weg ihrer Selbstwerdung befinden. Wo Christen sich nach jenem Glauben sehnen, der mit dem Sakrament der Taufe von Gott her in ihnen bereits grundgelegt ist, sind sie auf dem Weg, ihre ureigene Christusidentität zu finden und auszuprägen. Wenn nach Augustinus „der Seele Leuchten das Sehnen ist", muß es in der Spiritualität des getauften Christen und in der Liturgie der Kirche gerade darum gehen, dieser Sehnsucht Raum zu geben. In vielen Menschen und in manchen Gemeinden scheint sie – von außen betrachtet – erloschen zu sein, wie Glut, aus der keine Flammen mehr schlagen, irgendwann zu ersticken droht. Wo die Kirche betet: *„Entflamme in uns die Sehnsucht nach dem Licht!"*, weiß sie darum, daß in mancher Asche noch Glut verborgen ist. Neue Leidenschaft kann im Glauben entstehen, wo Christen sich in ihren Gemeinden miteinander an das erinnern, was ihnen von Gott her zuerst und unwiderruflich geschenkt ist. Tauferinnerung ist in diesem Sinne wie das Anhauchen der Glut, wie der Windstoß, der scheinbar erloschene Flammen wieder zum Lodern bringt. Wo die Sonntage und Feste des Kirchenjahres in ihrer Verkündigung und liturgischen Gestaltung von der Taufe und ihrem Bewußtsein ausgehen bzw. darauf verweisen, kann das im Leben der Getauften und Gefirmten zum Aufwind werden, der die Sehnsucht nach dem Licht in unterschiedliche Lebensituationen und -herausforderungen hinein entfacht. Dieses Anliegen verfolgt der vorliegende Band, indem er vom Osterfestkreis aus nach weiteren Zeiten und Orten im Kirchenjahr fragt, die sich auf den Horizont der Taufe und ihrer Er-innerung hin öffnen lassen. Ausgehend von den pastoralen Gegebenheiten in vielen Gemeinden und denkbaren Widerständen soll die Begegnung mit der Bibel dazu ermuntern, nach homile-

tischen und liturgischen Umsetzungen zu suchen. Die Fülle der Anregungen, die sich hier z.T. ergibt, versteht sich als ein Angebot, aus dem es auszuwählen gilt, was für die jeweilige Gemeinde bzw. Gottesdienstsituation als passend erscheint. Damit sind die liturgisch und pastoral Verantwortlichen immer noch selber herausgefordert, vom Curriculum des Kirchenjahres aus und an bestimmten Orten in der Biographie einzelner Christen wie im Leben der Gemeinde nach eigenen Adaptionen zu suchen. Wo das geschieht und dabei die vorliegenden Anregungen aufgegriffen werden, könnte allen Beteiligten die Taufe als fundamentale Existenzweise des Christen so bewußt werden, wie sie aus der österlichen Wirklichkeit jedes Sonn- und Festtages im Kirchenjahr spricht und von hieraus immmer wieder neu in konkrete Lebenssituationen hinein verkündet werden muß. Diese theologische, spirituelle und pastorale Zielperspektive ist bereits in der liturgiegeschichtlichen Entstehung des Kirchenjahres grundgelegt, die es zunächst mit einer Gemeinde zu vergegenwärtigen gilt, in der die Sehnsucht nach dem österlichen Licht wieder entflammt werden soll.

1 Pastoralgeschichtliche Erinnerung

Als „Tag des Lichtes" begriffen schon die Christen in apostolischer Zeit den ersten Tag der jüdischen Woche. Die wöchentliche Feier des Pascha-Mysteriums spürte in den Schriftlesungen erinnernd den Heilstaten Gottes an Israel und den Heilstaten Gottes in Tod und Auferstehung seines Sohnes Jesus Christus an allen, die durch die Taufe auf diesen Namen mit ihm verbunden sind, nach. Diese Erinnerung bewirkte Vergegenwärtigung und gipfelte in der Feier des Herrenmahles. Damit war der Sonntag als wöchentliche Feier dessen, was heute im österlichen Triduum aufgegliedert ist, wesentlicher Grundstein des sich daraus entwickelnden Kirchenjahres. Die Teilnahme an der wöchentlichen Feier des Paschamysteriums war für die Getauften die Grunderfahrung ihrer christlichen Existenz, aus der sie die Prüfungen und Bedrängnisse besonders während der Zeit der Verfolgungen bestehen konnten. Wohl noch im 1. Jahrhundert bildete sich aus dieser Grundstruktur die Feier des Jahrespascha heraus, dem eine vierzigtägige Vorbereitungszeit, die Fastenzeit, vorausging, und das in der fünfzigtägigen Osterzeit nachklingen konnte. Die Ausbildung dieser ‚Vor'- und ‚Nachzeit' des Osterfestes hat seine eigentliche Bedeutung in der Begleitung der erwachsenen Taufbewerber durch die Getauften inmitten der Gemeinde, die sich auf diese Weise ihrer Taufe erinnerten, sie in der Jahrespaschafeier erneuerten und durch die Neugetauften während der Osterfestzeit zu einer je neuen Vertiefung ihrer Taufgnade in der Teilnahme am eucharistischen Herrenmahl angehalten wurden. Der Osterfestkreis als der älteste Korpus des Kirchenjahres stellt damit eine Entfaltung des Pascha-Mysteriums dar, die gleichzeitig unmittelbare Bezüge zur Taufe aufnimmt und so Ostern und das

Taufsakrament für die Christen der frühen Kirche immer in einem inneren Zusammenhang erscheinen läßt.

Auch in der Entstehung der jährlichen Gedächtnisfeier der Apostel, Märtyrer und Heiligen seit der Mitte des 2. Jahrhunderts geht es um eine weitere Ausfaltung der österlichen Wirklichkeit des christlichen Glaubens, wie sie im Leben und Sterben von Christen anschaulich wird.

Die mit dem 4. Jahrhundert einsetzende spätere Entwicklung des Geburts- bzw. Epiphaniefestes des Herrn und die noch spätere Hinzufügung der vorbereitenden Adventszeit bzw. der nachfolgenden Weihnachtsfestzeit, mit denen schließlich das Kirchenjahr beginnt, sind keine zu katechetischen Zwecken konzipierten historistischen Nachzeichnungen des Lebens Jesu. Auch dieser Festkreis des Kirchenjahres ergibt sich theologisch und liturgisch von Ostern her. Das zentrale Inkarnationsgeheimnis des christlichen Glaubens hat den erhöhten Herrn im Blick und will die Getauften einladen, sich für diese Wirklichkeit in ihrem Leben zu öffnen. Damit geht es im Rhythmus des gesamten Kirchenjahres um die Entfaltung des österlichen Pascha-Mysteriums Christi.

Trotzdem ist das Bewußtsein für die österlichen Impulse der Zeiten und Orte des Kirchjahres, die außerhalb des Osterfestkreises liegen, und ihre Aussagekraft im Blick auf das Taufbewußtsein des einzelnen Christen eher gering ausgeprägt. Tauferinnerung in der Feier des Kirchjahres erscheint damit immer noch bzw. wieder neu als eine große spirituelle, liturgische und pastorale Herausforderung, wo im Kirchenjahr mehr als ein Nacheinander einzelner Feste und Phasen gesehen wird. Wie sehr auch in Weihnachten Ostern enthalten ist, und wie sehr sich an den unterschiedlichen Orten in der Lebensgeschichte von Christen die durchgängige österliche Existenz als Getaufte mitteilen will, scheint vielen Gemeinden heute verborgen zu sein. Ausdrückliche Tauferinnerung und -erneuerung gibt es vielfach nur an Ostern. Was aber nur einmal im Jahr ausdrücklich begangen wird, kann kein spirituelles Bewußtsein prägen. Hier will der Rhythmus des Kirchenjahres wieder zur Erinnerung werden, nach dem zu graben, was an Aussagen über die österliche Kraft der Taufe in den Fest- und Sonntagen des Kirchenjahres enthalten ist. Taufbewußtsein in diesem Horizont meint: in allem auf Ostern verwiesen zu werden und in den verschieden Zeiten des Kirchenjahres den eigenen Lebens- und Glaubensort zu entdecken. Einzelne Christen und ganze Gemeinden wieder für diese verborgenen Seiten unserer Glaubensgeschichte aufzuschließen, bedeutet schließlich auch die Kirchengeschichte in einem neuen Licht zu sehen und auch in ihr nach österlicher Wirklichkeit und konkreten Weisen des Taufgedächtnisses zu graben.

2 Spirituell-homiletische Vergegenwärtigung

Das in der theologischen Konzeption des Kirchenjahres enthaltene, in der pastoralliturgischen Praxis aber verlorengegangene Bewußtsein vom österlichen Gehalt einzelner Zeiten, Feste und Sonntage und ihre unmittelbaren Impulse für eine ausdrückliche Taufspiritualität lassen sich in den Gemeinden nicht einfach durch verbale Hinweise und Aufforderungen wieder ‚in Kraft setzen'. Um Liturgie und Pastoral aus der Kurzsichtigkeit und Kurzatmigkeit eines Aktionismus zu befreien, der sich von der Planung bis zur Durchführung von Veranstaltungen ‚rettet', die dann als Leistung verbucht oder ‚abgehakt' werden, bedarf es der theologischen Denkperspektive des ganzen Kirchenjahres. Von Ostern her die eigene Glaubensexistenz zu begreifen – so wie das Kirchenjahr entstanden ist – ist ein längerer Weg, der allen, die nicht im Katechumenat auf ihre Taufe zugegangen sind, als spiritueller Lernprozeß aufgegeben ist. Gemeinden für diesen österlichen Perspektivenwechsel zu gewinnen, bedeutet, in der Liturgie und Verkündigung des Kirchenjahres immer wieder diese österliche Horizonterweiterung anzusprechen. Eine mystagogische Erschließung von Bildern und Symbolen, wie sie in der Geschichte der christlich-kirchlichen Überlieferung gerade in der Orientierung am Kirchenjahr enthalten sind, kann hier besonders hilfreich sein. Dieses Anliegen, das der vorliegende Band insgesamt verfolgt, soll in einer spirituell-homiletischen Vergegenwärtigung aufgegriffen werden, die für die Hinführung einer Gemeinde zur Bedeutung der Tauferinnerung im Kirchenjahr anregend und hilfreich sein kann.

Es war auf einer Urlaubsfahrt durch Frankreich. In einem kleinen Dorf machten wir Station, um die Kirche aufzusuchen. Sie war in keinem Reiseführer erwähnt, aber ihr Alter, das Steine und Bauform verrieten, hatte uns angezogen. Die Proportionen und das gut erhaltene Portal mit seinem überraschenden Figurenschmuck waren wie eine Einladung, einzutreten.
Der Kontrast zwischen ‚Außen' und ‚Innen' hätte aber kaum größer sein können. Die Feuchtigkeit der Mauern verbreitete einen modernden Geruch. Staub hatte sich auf Altar und Bänke gelegt. Die Bilder an den Wänden waren bis zur Unkenntlichkeit verblaßt. In einer Nische erinnerte eine Gedenktafel an den letzten Pfarrer dieses Ortes und die Daten ließen erahnen, wann Christen hier das letzte Mal die Eucharistie gefeiert hatten. Das ewige Licht war erloschen und die Ampel, die es einst getragen hatte, zerstört.
Überrascht waren wir dann, im Chorraum Kerzen zu finden, die vor nicht allzu langer Zeit gebrannt haben mußten und auf einer kleinen Bank daneben waren ein Kreuz, Weihrauchfaß und Weihwassergefäß so abgelegt, als würden sie noch gebraucht. Später erfuhren wir dann, daß verstorbene Bewohner dieses Dorfes immer noch in dieser Kirche mit der Einsegnung verabschiedet wurden. – Dafür wurde die Kirche noch gebraucht.

Eindrücke, die zu Bildern für etwas Tieferes, auch für Abgründiges gerinnen können. Steht es so um unseren Glauben; um das Leben der Christen? Werden wir in einer Gesellschaft, die ihren inneren und äußeren Zusammenhalt früher einmal aus dem Christentum bezog, heute als stehengebliebene verschnörkelte Fassade einer Tradition wahrgenommen, hinter der sich kein Leben mehr verbirgt? Kirchen als Zierrat in einer Landschaft – unter Denkmalschutz gestellt?

Man kann sich den Kirchen in der Landschaft und der Kirche in unserer Gesellschaft auf unterschiedliche Weise nähern. Manche kommen als Zuschauer, wie Touristen, und beobachten von außen – mit Neugier. Andere schauen von oben herab – mit innerer Distanz – gleichgültig oder besserwisserisch. Viel mehr verlangt dagegen die Perspektive von innen nach außen. Am meisten aber gibt der Blick von unten nach oben; vom Anfang des christlichen Glaubens und der Kirchengeschichte aus: von Ostern her.

Baufällig im Sinne von ausbaufähig erscheinen die Christen und ihre Kirche immer dort, wo ihr Anfang zum Vergleich wird. Denn ganz unten hat sie ihren Ursprung; am Kreuz und im Grab auf Golgotha. Ganz unten, am Ende ihrer Pläne und Hoffnungen haben sich die Jünger nach dem Karfreitag an das erinnert, was vorher war: an die Begegnungen mit Jesus in Galiläa, seine Worte und Verheißungen, die in die Zukunft wiesen. Ihr Weg nach Emmaus wird zur Spurensuche: Wie hat es mit ihrer Beziehung zu diesem Jesus von Nazaret angefangen? Erst als er mit ihnen den ganzen Weg ‚in der Schrift mit dem, was über ihn geschrieben steht, ausgehend von Mose und allen Propheten‘ (Lk 24,27) zurückgeht, gehen ihnen die Augen auf und sie erkennen ihn. Von unten her, vom Karfreitag und von Ostern her ergibt sich eine neue Sicht.

Ganz unten nehmen auch die Christen der frühen Gemeinden diese Spur auf. Buchstäblich unter der Erde versammeln sie sich in den Katakomben, an den Gräbern ihrer Angehörigen, und damit ganz nahe bei der Ursprungserfahrung ihres Glaubens. Nirgendwo ist die Erinnerung daran, wie es angefangen hat, lebendiger als in diesen feuchten und modernden Grotten.

Erst mit der Zeit entwächst die Kirche diesen bedrängten und verborgenen Räumen. Sie breitet sich aus und erstreckt sich sichtbar in die Höhe. Die eindrucksvollen Basiliken der Romanik und die Dome der Gotik zeugen davon. Sie entfalten, welcher Reichtum und welche Dynamik im Glauben der Kirche grundgelegt ist wie in einem Weizenkorn, das unter der Erde keimt und Wurzeln schlägt, und reiche Frucht bringt.

Im 4. Jahrhundert wird aus dem gesellschaftlich geächteten und verbotenen Christentum zunächst eine erlaubte Religion. Als Kaiser Konstantin sie dann vorschreibt, wächst der Kirche die Aufgabe zu, in ihren neuen, großen Räumen die Gesellschaft aufzunehmen und zu beheimaten. Aber nicht allen teilt sich der Reichtum der christlichen Überlieferung, wie er äußerlich in den Bildern und Mosaiken der großen Kirchen ausgesprochen wird, in gleicher Innerlichkeit mit. Viele gehören zufällig und irgendwie – pro forma – dazu. Andere wollen dazugehören, ohne weitere Verbindlichkeiten einzugehen. Nur wenige verfügen über eine Tuchfühlung mit dem Anfang und wollen daran anknüpfen. Indem sie jetzt die Gebeine der Blutzeugen des Anfangs von den Gräbern der Katakomben in die großen Kirchen tragen, sollen gleichsam die Keime des Anfangs auch in neuen, veränderten Räumen, in einer christentümlichen Gesellschaft aufgehen und Frucht bringen. Wo das ganze Volk zur Kirche gehört, können Kirchen kaum groß genug sein. Wo sie gefüllt sind mit Menschen und deren Leben, weiß auch die Gesellschaft, wo sie zu Hause ist. Wer einfach mitlebt, lernt mitzuglauben. Über Jahrhunderte wird so die Volkskirche prägend für die Weise, wie Christen ihren Glauben leben, verkünden und feiern.

Manche denken heute gern an solche Selbstverständlichkeiten ihrer Kinder- und Jugendzeit zurück. Andere spüren Hypotheken und sind immer noch auf der Suche nach ihrem persönlichen Glauben. Indem das gesellschaftliche Leben lange Zeit unbemerkt und schleichend, jüngst aber mit lauteren Tönen aus dem Haus der Kirche auszieht, sind nicht nur die Kirchen leerer geworden. Je weniger der Begriff der Volkskirche mit Leben gefüllt scheint, desto drängender stellt sich die Frage: Wo bleibt der einzelne Christ mit seinem Glauben und seiner Sehnsucht nach Gemeinschaft? Je unheimlicher die leeren Räume werden, je sprachloser die Bild- und Symbolwelt der Christen in ihrer Kirche auf die Welt wirkt und je zerstörerischer manchmal damit umgegangen wird, desto mehr kann der einzelne Christ mit dem, was ihm wichtig und heilig geworden ist, in Bedrängnis kommen.

Wem es dann so scheint, als würde die Welt immer unkirchlicher, der mag sich erinnern, daß die Situatiuon der Kirche in unserer Gesellschaft in vielem immer biblischer wird. Wo einst selbstverständliche Gerüste am Haus der Kirche zu zerfallen scheinen oder abgetragen werden, kommt es umso mehr darauf an, daß die inneren Räume im Lebenshaus eines getauften Christen bewohnt sind. Und wo sich Staub auf das gelegt hat, was einmal mit der Taufe in uns eingerichtet schien, bedarf es der Reinigung oder gar der Sanierung.

Der Apostel Paulus ruft das den einzelnen Christen der Gemeinde in Korinth in Erinnerung: *„Wißt ihr nicht, daß ihr Gottes Tempel seid und der Geist Gottes in euch wohnt?"* (1 Kor 3,16) Die Räume, die Gott durch das Sakrament der Taufe im Leben eines Christen aufgetan und gefüllt hat, können nicht leer werden in dem Sinn, wie Menschen Einrichtungen schließen, die unbrauchbar geworden scheinen. Innere Räume, Ursprungsorte des Glaubens, können aber in Vergessenheit geraten. Sie müssen dann wiederentdeckt werden; – so wie die (Kalixtus)katakomben in Rom über Jahrhunderte vergessen schienen und erst im 19. Jahrhundert wieder aufgespürt und ausgegraben wurden. Mit den ausgegrabenen Räumen kam eine Erfahrung von Christ- und Kirchesein wieder an den Tag, die für die Tage, an denen sich Christen in einer nachchristlichen Gesellschaft in der Fremde fühlen, zu einer Orientierung werden kann: Jeder Getaufte muß in seinem Innern wieder nach Erfahrungen des Anfangs graben; die wieder Erinnerung an aus der Kraft des Glaubens bestandene Bedrängnisse wecken, damit die bleibende Kraft der Taufe gegenwärtig wird.

Aus den alltäglichen Lebens- und Glaubensräumen – ‚ad catacumbas' – in die eigenen Niederungen hinabzusteigen, nach ganz unten, wo auch die Freude und Dankbarkeit über bestandene Krisen lebt und die Erinnerung an die Leidenschaft und Energie mancher Kämpfe glüht, bedeutet, der eigenen Taufe inne zu werden.

In sich selbst nach unten zu gehen, läßt auch vom Anfang der eigenen Christusbeziehung her, von dem aus, was Gott in uns begonnen hat, wahrnehmen, was wir in uns haben verstauben lassen, – was zu Ende gekommen ist, – wo wir Schluß gemacht haben mit unserer Geduld und unserem Engagement. Vom Anfang des Glaubens und der Kirche her zu leben, bedeutet, die Zuversicht nicht zu verlieren, wo etwas scheinbar zu Ende geht.

Wo Christen sich ihrer Taufe erinnern, verschließen sie nicht die Augen vor allem, was endlich ist. *„Wißt ihr denn nicht, daß wir alle, die auf Christus Jesus getauft wurden, auf seinen Tod getauft worden sind?"* (Röm 6,3) Was Paulus den Römer zuruft, macht uns bewußt, wie sehr manches Grab und unsere Geschichte mit einem lieben Menschen, an die es erinnert, aber auch das, was in uns begraben ist an einstigen Hoffnungen und Plänen, von Gott her nicht vergessen ist. Von Ostern her bewirkt Erinnerung Vergegenwärtigung. *„Wie Christus durch die Herrlichkeit des Vaters von den Toten auferweckt wurde, so sollen auch wir als neue Menschen leben."* (1 Kor 6,4) Was für Paulus so zur österlichen Perspektive des Lebens wird, soll unseren Blick bestimmen, wo wir aus manchen verzweigten Räumen unserer Gegenwart in die Urgründe, Abgründe und Verließe unserer Lebensgeschichte schauen. Es kann unseren Blick erhellen, wo wir von ganz unten her die Überlieferung unseres Glaubens bis in die Kirche unserer Zeit hinein anschauen, und es kann unseren Blick weiten für die Verheißungen und Möglichkeiten, die Gott seiner Kirche für die Zukunft bereit hält. Von ganz unten, von Ostern her und damit von der eigenen Taufe aus, den Strom des Glaubens durch unterschiedliche gesellschaftliche Zeiten und Umbrüche fließen zu sehen, kann schließlich den Blick dankbar erheben.

Auch wer zu den Gräbern liebgewordener Menschen geht und den Blick nach unten richtet, mag sich mit ihnen, ihrem Leben und ihrer Zeit gerade durch die Taufe verbunden fühlen. Der Blick nach unten und vom österlichen Scheitelpunkt wieder nach oben hilft gerade an solchen Orten zu entdecken, daß wir mit denen, die glauben, in einer Überlieferung verbunden sind. Diese Tradition ist nicht – wie manche hämisch meinen – ein toter Glaube von Lebenden, sondern trägt auch noch als ein lebendiger Glaube von Toten.

Tauferinnerung ist in diesem Sinne immer auch die Einbindung unserer eigenen Lebensgeschichte in die größere Geschichte unseres Glaubens. Sich selbst und die eigene Zeit in diesem Horizont anzuschauen, relativiert. In einem solchen Taufbewußtsein zu leben, gibt ein Selbstbewußtsein, das davor bewahrt, sich selbst zu wichtig zu nehmen oder minderwertig zu fühlen. Es macht gelassen!

‚Christ zu sein' und erst recht ‚Christ zu bleiben' in einer Gesellschaft, die von vielen heute als nachchristlich erlebt und bezeichnet wird, verlangt immer wieder nach Zeiten und Orten gemeinsamer und persönlicher Vergegenwärtigung dessen, was von ganz unten her gewachsen ist. Tauferinnerung im Rhythmus der Feste und persönlichen Gedenktage des Kirchenjahres kann in äußeren Bedrängnissen in uns wach halten, wie sehr wir innerlich von Ostern her leben. In diesem Bewußtsein kann der bewußte Weg durch das Kirchenjahr Ausdruck für das werden, was in allen äußeren täglichen Veränderungen, Unruhen und in den größeren gesellschaftlichen Umbrüchen von Gott her bleibt und worauf der Blick von ganz unten her ausgerichtet bleibt. Indem uns das Kirchenjahr durch immer wieder neue Perspektiven auf unsere Taufe verweist und an diesen Ursprung erinnert, führt es uns nach ganz unten, an den Anfang der Kirche, an den Anfang unserer Christusbeziehung, an den Anfang einer vor langer Zeit getroffenen Lebensentscheidung. Von hier kommt die Zuversicht für Bedrängnisse und Umbrüche, die uns zu schaffen machen. Von hier kommt die Aussicht auf den, der über den Zeiten steht und den wir im Rhythmus unserer Zeit als unseren Herrn bekennen.

Wie sehr das Gedächtnis der eigenen Taufe den Blick aufrichten kann, wo Christen sich ganz unten fühlen, ruft eine Tagebucheintragung Alfred Delp's aus seinem Widerstand gegen den Nationalsozialismus in Erinnerung; aufgeschrieben mit gefesselten Händen: „Das eine sollen wir immer wissen: Jeder Segen, der über uns gemacht wird, jedes Kreuz, das über uns gesegnet wird, jede Weihe, die von Christus her über uns gesprochen wird, ist eine Weihe aus dem ganzen Christus, der uns auf sein Schicksal und seine Wirklichkeit bindet und verpflichtet. Dieses, sein Schicksal, ist Erde und Geschichte; und Aushalten und Einsamkeit und Golgotha und Kalvaria; aber auch Sieg und bereits Sieg und immer schon wirklich Sieg."

II Die Taufe – das Grundsakrament im Leben des Christen *(Franz-Peter Tebartz-van Elst)*

Die Taufe ist das erste und grundlegende Sakrament im Leben eines Christen. Es gliedert den Getauften in die sakramentale Heilsgemeinschaft der Kirche ein. Taufe und Kirche stehen damit – theologisch betrachtet – in einem engsten Zusammenhang. Die Taufe auf den Namen Jesu verbindet mit seiner Person, seinem Schicksal, seinem Tod und seiner Auferstehung. Wer getauft wird, wird dadurch Glied am Leib Christi, seiner Kirche. Durch das Übergießen mit Wasser und die Anrufung des dreifaltigen Gottes taucht der Täufling gleichsam mit Jesus in dessen Tod unter, um mit ihm zu einem neuen Leben aufzustehen. Diese tiefste, unmittelbarste Beziehung, die der Mensch sich weder ‚machen' noch nehmen kann, wird ihm hier von Gott geschenkt. Deshalb ist die Taufe unwiderruflich, unwiederholbar und stiftet ein unauslöschliches Siegel in das Innerste eines Menschen ein; d.h. der Glaube und die Berufung zur Christusgemeinschaft ist und bleibt Gottes Initiative, die den Menschen gleichzeitig befähigt darauf zu antworten. Aus der Kraft der Taufe kann sich der Mensch deshalb zu allen Zeiten seines Lebens darauf verlassen, daß Gottes Tun sein Tun umfaßt und trägt. In diesem Verständnishorizont sprechen wir davon, daß die Taufe eine Existenz im Heiligen Geist bewirkt. Der Getaufte lebt schon in dieser Welt mit all' ihren Auswegslosigkeiten und Widersprüchlichkeiten als österlicher Mensch. Die Taufe bewahrt ihn nicht in einem magischen Mißverständnis vor Herausforderungen. Sie disponiert ihn vielmehr innerlich, das schon angebrochene Reich Gottes auch noch in den Hoffnungslosigkeiten dieser Welt als gegenwärtig zu erahnen. Die Taufe motiviert ihn, am Aufbau des Reiches Gottes in dieser Welt mitzuhelfen in der festen Zuversicht, daß Gott das gute Werk, das er im Getauften und in dieser Welt begonnen hat, vollenden wird.

Wie das Sakrament der Taufe in diesem theologischen Verständnishorizont das Heil bewirkt, das es bezeichnet, ist bei aller notwendigen Vergewisserung nicht im einem theoretisch-abtrakten Diskurs zu vermitteln. Es muß so gefeiert und darin veranschaulicht werden, daß bei denen, die das Sakrament der Taufe bewußt empfangen (Kinder im Schulalter, Jugendliche und Erwachsene) und bei den Mitfeiernden (bes. bei der Gemeinde, die sich am Sonntag zur Feier der Eucharistie versammelt), eine Ahnung dieser österlichen Dimension geweckt wird. Damit es zur leibhaftigen Erfahrung dessen kommt, was wir theologisch als Taufgnade bezeichnen, gilt es, die Entfaltung des einen Pascha-Myteriums in den vielen Zeiten und Festen des Kirchenjahres und auch in den übrigen Sakramenten der Kirche ausdrücklich zu begehen. Gerade dadurch entschlüsselt sich das österliche Glaubensbekenntnis in die konkreten Gedenk- und Lebensituationen der Menschen hinein. So, wie wir z.B. im Weihnachtsfest Ostern unter einer bestimmten Perspektive feiern, gilt es das Grundlegende der einen Taufe in jeder Feier der Eucharistie und in den unterschiedlichsten Situationen von Freude, Dank, Trauer, Angst und Hoffnung aufzuspüren.

1 Das Sakrament der Taufe in den Sakramenten der Kirche

Die Taufe ist als das grundlegende Sakrament des Christ-werdens und Kirche-seins die Voraussetzung für den Empfang aller weiteren Sakramente. Außerdem steht sie theologiegeschichtlich in einem engsten Zusammenhang zu den beiden weiteren Initiationssakramenten der Firmung und Eucharistie. Wo heute, wie zur Zeit der frühen Kirche, wieder Erwachsene sich in einem längeren Katechumenat auf die Eingliederung in die Kirche vorbereiten, empfangen sie in der Regel in der Osternacht die Sakramente der Taufe, Firmung und Eucharistie in der genannten Reihenfolge. Nirgendwo kommt der Ursprung dieser Sakramente sprechender zum Ausdruck als in dieser Feier.

In der gegenwärtigen gemeindlichen Sakramentenpastoral mit Kindern und Jugendlichen ereignet sich deren Eingliederungsweg in der Reihenfolge Taufe – Eucharistie – Firmung.

Die Hinführung zur Erstkommunion und Firmung hat damit den Zusammenhang zur Taufe, der vielfach aus dem Bewußtsein verlorengegangen ist, katechetisch und liturgisch zu vermitteln. Erstkommunion- und Firmvorbereitung und erst recht die Feier dieser Sakramente sollten deshalb mit einem ausdrücklichen Taufgedächtnis beginnen.

Die Feier der **Eucharistie** sollte gerade am Herrentag mit einer Tauferinnerung eröffnet werden, um deutlich zu machen, wie gerade dieses ‚große Sakrament' (Athanasius) das, was mit der Taufe gegeben ist, weiterführt und vertieft. Was die Taufe bezeichnet, wird in der Eucharistie immer wieder neu von Gott her gewirkt und vom Getauften erfahren.

In der **Firmung**, die theologiegeschichtlich auf die postbaptismale Salbung als Ausdruck der sakramentalen Stärkung mit den Gaben des Heiligen Geist zurückgeht, wächst dem Gefirmten die Kraft zu, die in der Taufe empfangende und persönlich ausgeprägte Glaubensindentität in die Sendung der Kirche hineinzutragen. Selbstverwirklichung in der Kraft des Geistes Gottes ereignet sich dadurch, daß der Gefirmte sich auf unterschiedlichste Weise in den Dienst des Reiches Gottes nehmen läßt.

In einem engen theologischen Zusammenhang mit der Taufe steht auch das Sakrament der **Buße**. Es ist Tauferneuerung im ureigensten Sinn. So wie die Taufe die Vergebung aller Sünden schenkt und damit die erste Buße ist, bekam für die Christen der frühen Kirche die einmalige öffentliche Buße den Charakter der ‚zweiten Taufe', ohne daß hier im mißverständlichen Sinn von einer Wiedertaufe gesprochen werden kann. Wo im Unterschied zur Praxis der frühen Kirche das Sakrament der Versöhnung in der Lebensgeschichte eines Christen häufiger empfangen wird, geht es theologisch und spirituell darum, daß die Möglichkeiten, die Gott mit der Taufe ursprünglich in das Leben eines Menschen hineingelegt hat, die im Laufe der Zeit jedoch überlagert oder ausgeblendet wurden, wieder in den Blick kommen. Buße als Tauferinnerung hat im Leben des einzelnen wie der Gemeinde damit seinen besonderen Sitz im Leben, wo in einem Fest wie z. B. an Ostern und Weihnachten die Fülle jenes Bildes aufleuchtet, das Gott vom Menschen hat und die jeweilige Vorbereitungszeit, wie z.b. die Fasten- bzw. Adventszeit, den Mangel im eigenen Lebens so aufgreifen läßt, daß er auf Gott hin geöffnet wird. Sakramente tauchen in diesem Zusammenhang unsere menschlichen Mangelerfahrung in Gottes Fülle ein. Was in der Taufe ein für alle Mal grundgelegt ist, bedarf aber der weiteren Entfaltung in spezifische Lebensbereiche, Aufgaben und Herausforderungen hinein. Wer so in der Kraft seiner Taufe die Fülle Gottes schon in diesem Leben erahnt, den befähigen die Sakramente öffentlich für das einzustehen, was ihm im Namen Gottes geschenkt ist. Sakramente sind in diesem Sinne positive Zeichen des Heils. Sie veranschaulichen in konkrete Lebenssituationen hinein, was Gott allen verheißen hat.

Das Sakrament der **Ehe** ist dann nicht länger eine Privatsache zweier Christen. Wo Christen es aus dem Bewußtsein ihrer Taufe empfangen, macht es öffentlich, wie sehr Gottes Treue Mann und Frau auch dort, wo die Hochzeiten des Lebens und der Liebe verloren gehen können, zur gegenseitigen Treue anstiftet und ermutigt. Eine christlich gelebte, sakramentale Ehe braucht deshalb immer wieder die Erinnerung an die Taufe und ihre Vertiefung in der Eucharistie. Die Feier der Trauung sollte nicht darauf verzichten, dort, wo das Brautpaar am Kirchenportal empfangen wird, mit der Erinnerung an die Taufe und der Besprengung mit dem Taufwasser zu beginnen.

Auch das Sakrament der **Priesterweihe**, das wie die übrigen Sakramente eine ganz spezifische Gabe von Gott her für das Leben seiner Kirche beinhaltet, lebt aus der Taufe. Aus dem allgemeinen Priestertum aller Getauften geht das Priestertum des Amtes als eine eigene Qualität hervor. Wer durch das Sakrament der Weihe in eigener Weise für die Sendung der Kirche und die Auferbauung des Leibes Christi aus den Gliedern der Getauften in Dienst genommen wird, muß sich selber immer wieder der eigenen Taufe erinnern und bewußt werden. Deshalb ist es sinnvoll und empfehlenswert, bei der Gestaltung der Liturgie der Priesterweihe die Besinnung auf das von Gott her in Jesus Christus grundgelegte Fundament im Leben eines Christen in einem Taufgedächtnis mit Asperges an den Anfang zu stellen, um daraus das Verbindende des Glaubens aller Getauften in der Kirche umso deutlicher wahrzunehmen. Diese Verbundenheit in dieser Welt darzustellen, ist sakramentaler Dienst der Kirche insgesamt, auf den das Amt in spezifischer Weise ausgerichtet ist.

Auch wenn lebensgeschichtlich häufig erst am Ende wahrgenommen, ist nicht zuletzt das Sakrament der **Krankensalbung** eine besondere Entfaltung der Teilhabe an der Lebenshingabe Jesu und seiner Rettung. Wo bei der Besprengung mit dem Taufwasser zu Beginn dieser Feier ‚das Sterben und Auferstehen mit Christus' als verläßliche Wirkung der Taufe in das eigene Leben hinein erinnert wird, wachsen die Bereitschaft und Kraft, loszulassen, um tiefer vertrauen zu lernen. Was in der Taufe grundgelegt ist, ermutigt, in leidvollen Grenzsituationen des Lebens den Glauben neu zu verstehen und zu ‚ratifizieren'. Darin wird das Sakrament der Krankensalbung zur besonderen Gabe Gottes, der jetzt ernst macht mit dem ‚was er in der Taufe einem Menschen zugesagt hat.

Dieses Grundlegende der Taufe, das so in den weiteren Sakramenten der Kirche lebensspezifisch Glauben schenkt und zu einem Leben aus dem Glauben herausfordert, ist in Verkündigung und Pastoral aber vielfach in Vergessenheit geraten. Die Sakramente werden häufig isoliert betrachtet, in der Katechese erschlossen und auch gefeiert, ohne den größeren Horizont der Taufe überhaupt wahrzunehmen. Die Sakramente wieder in ihrer theologisch ursprünglichen Bezogenheit aufeinander zu sehen, bewahrt davor, sie in der Praxis so zu zersplittern, daß sie zu individualistischen Serviceleistungen der Kirche degradiert werden. Wieder von der Taufe her denken, handeln und feiern zu lernen, könnte helfen, wieder zu verbindlicherem Handeln in der Sakramentenpastoral zu finden. Für diese Sichtweise will der vorliegende Band mit seinen Praxisanregungen werben. Wo die Sakramente wieder in ihrem Bezug zur Taufe gesehen werden, kommen ihre Feiern auch wieder als liturgische Orte in den Blick, an denen eine einstimmende Tauferinnerung allen Beteiligten (Empfängern, Spendern und der versammelten Gemeinde) das in ihnen schon gelegte Fundament des Glaubens vergegenwärtigen kann. In dieser inneren wie äußeren Sammlung kann umso mehr Offenheit und Hingabe wachsen für die Heilszuwendung Gottes in eine bestimmte Situation des Menschen und der Kirche hinein, die im jeweiligen Sakrament ausdrücklich begangen wird.

2 Die Heilsdynamik der Taufe im Rhythmus des Kirchenjahres

Das Grundlegende der Taufe, die unauflösliche Verbindung des Menschen mit dem Tod und der Auferstehung Jesu hat ihre sakramentale Wirkung in der Verwandlung, die jeder Getaufte gerade für die belastenden Erfahrungen seines Leben von Gott her erwarten darf. Diese Dynamik des Pascha-Mysteriums gilt immer und entfaltet sich umso stärker, je bewußter der Getaufte in sie einwilligt und einstimmt. Deshalb läßt sich Ostern nicht auf einen oder zwei Tage bzw. eine Woche im Jahreslauf begrenzen. Die Auferstehung Jesu läßt überhaupt erst das Geheimnis seiner Person verstehen. Wer von Ostern her seine persönliche Christusbeziehung sucht, fragt danach, wie der Auferstandene und Erhöhte Mensch geworden und gestorben ist. Dieser Fragerichtung entspricht die Entwicklung des Kirchenjahres und die immer wieder neue Feier seines Zyklus. Auferstehung und Inkarnation sind in diesem Sinne österliche Urbilder der Verwandlung, nach der wir Menschen streben und die zugleich Gottes Werk an uns sind. In der Menschwerdung seines Sohnes und in seiner Auferstehung hat Gott den Menschen von Grund auf verwandelt, da er Irdisches und Himmlisches, Tod und Leben, Himmel und Erde miteinander verbunden hat. Der geistliche Weg, den wir in Gebet und Meditation, in Askese und Liturgie durch das Kirchenjahr gehen, zielt auf die Verwandlung unseres Leibes und unserer Seele, unserer Gedanken und Gefühle, unserer Leidenschaften und Bedürfnisse, des Bewußten und des Unbewußten in uns. (A. Grün)

Wenn Christen sich ihrer Taufe erinnern, geht es darum, diese österliche Wirklichkeit der Verwandlung in immer wieder neuen Aspekten des Pascha-Mysteriums zu begreifen. Die geprägten Zeiten und Feste des Kirchenjahres halten hier Bilder und Symbole bereit, die das Denken und Deuten unserer eigenen Existenz auf Ostern ausrichten. Die Heilsdynamik der Taufe spiegelt sich damit gleichsam in den verschiedenen Festgeheimnissen. Dabei geht es immer um den Menschen, um die Höhen und Tiefen seines Lebens, die den Weg durch das Kirchenjahr in sofern auch zu einem Psychodrama machen, als das Unbewußte in uns in Riten und Symbolen zum Ausdruck kommen darf. Damit ist aber keine Psychologisierung gemeint. Vielmehr bewirkt Tauferinnerung gerade dadurch innere Verwandlung, daß ein vorgegebener Gedanke – das Grunddatum des christlichen Glaubens – die unbewußten und bedrängenden Gedanken so ordnet und ausrichtet, daß die innere Klarheit der eigenen Glaubensidentiät zu einer neuen Lebensdynamik wird. Diese Erfahrung spricht dafür, die geprägten Zeiten des Kirchenjahres (Advents- und Fastenzeit) in den Schriftmotiven und Riten, die diese Bußzeiten bereit halten, unter den Gedanken der Tauferneuerung zu stellen, und die Feier der Sonn- und Festtage im liturgischen Zyklus mit einem ausdrücklichen Taufgedächtnis zu beginnen.

3 Das Gedächtnis der Taufe im Gedenken persönlicher Lebensgeschichten

Was von der Heilsdynamik des Taufsakramentes im Rhythmus des Kirchenjahres gesagt wurde, gilt auch im Blick auf die Realisierung der Taufe in der eigenen Biographie. An bedeutsamen Einschnitten und Aufbrüchen in der eigenen Lebensgeschichte das grundgelegte Lebensfundament so zu vergegenwärtigen, daß es sich im Blick auf neue Schritte als tragfähig erweist, ist der tiefere Sinn einer rituell und liturgisch ausdrücklich begangenen Tauferinnerung. Dabei stellt es sich aber immer wieder als ein Problem heraus, daß in der Regel die Getauften über keine persönlichen Erinnerungen an ihre eigene Taufe verfügen. Wo dann spirituell und homiletisch von der Taufe die Rede ist, handelt es sich meistens um eine kognitive Erläuterung, die Inhalte zwar denkerisch bewußt macht, dadurch aber noch kein Bewußtsein im Sinne einer tieferen Identitätserfahrung garantiert. Und wo die Taufe liturgisch gestaltet und miterlebt wird, erscheint sie als Kinder bzw. Säuglingstaufe oft sehr sparsam in der mystagogischen Ausgestaltung der ihr eigenen Symbolik. Erst wo es in jüngster Zeit vermehrt zu Erwachsenentaufen kommt, stellt sich die Herausforderung wieder ganz neu, nach angemessenen und ausdrucksvollen Umsetzungen jener Zeichenhandlungen zu suchen, die der Ritus vorsieht. Damit kommt es für die betroffenen Taufbewerber wie für die teilnehmende Gemeinde der Getauften zu einer so leibhaftigen Erfahrung bzw. Teilnahme am Taufgeschehen, daß die eigene Glaubensexistenz davon unmittelbar lebt bzw. damit gefüllt wird. Von diesem Kontext aus wird es sehr viel leichter sein, Tauferinnerung an Zäsuren in der eigenen Lebensgeschichte zu begehen.

In Verbindung mit solchen immer noch eher seltenen Ereignissen in einer Gemeinde läßt sich aber anschaulicher ein Zugang zur Bedeutung konkreter Formen persönlicher Tauferinnerung finden. Für viele wird ein solcher Schritt damit beginnen, den eigenen Tauftag überhaupt erst einmal im Familienstammbuch ausfindig zu machen. Ihn dann in den jährlichen Kalender der persönlichen Gedenktage aufzunehmen und den eigenen Geburtstag wie Namenstag vom Tauftag her deuten zu lassen, ist vielen noch fremd. Deshalb bedarf es hier besonders einfühlsamer, nicht bevormundender Anleitung, die das Nachdenken über das eigene Leben im Horizont der eigenen Taufwirklichkeit reicher macht und die Erfahrung vermittelt, bewußter zu leben. In einer Zeit, in der christliches Brauchtum in seiner selbstverständlichen und gemeinschaftstiftenden Wirkung für viele verloren gegangen ist, gibt es gleichzeitig wieder eine neue Offenheit für Rituale, die helfen, eigene Lebensängste zu bewältigen und so das Unbewußte zu begehen. In diesem Zusammenhang brauchen Zeichen deutende Worte, die im oben erläuterten Sinne die vielen Gedanken auf den einen Gedanken ausrichten, der die eigene Vergangenheit, Gegenwart und Zukunft in den Blick nimmt.

Das Kreuzzeichen am Morgen und am Abend eines Tages mit dem häuslichen Weihwasser, der Brauch einer Sonntagskerze in der Familie als persönliche und gemeinsame Erinnerung an Ostern und ganz besonders die Jahrestage von Eheschließung oder anderer bedeutsamer lebensgeschichtlicher Ereignisse können in diesem Kontext gerade wegen ihrer eindeutigen Ausrichtung zu unterscheidenden Riten werden, die die Verheißung und Wirkung des Taufsakramentes in die jeweils aktuelle Lebenssituation hinein bewußt werden lassen.

Viele andere bedeutsame Zäsuren mag es hier im Leben des einzelnen wie einer Familie geben (Schuljahres-, Berufsbeginn bzw. -wechsel, Reisesegen vor dem Urlaub u.v.a.m.), die sich ausgehend von einem oft diffusen Bedürfnis nach Schutz und Segen theologisch eindeutig mit dem Sakrament der Taufe in Verbindung bringen lassen und damit das persönliche Taufgedächtnis als einen wesentlichen Bestandteil einer christlichen Spiritualität in nachchristlicher Gesellschaft empfehlen.

4 Die Gemeinschaft der Getauften im Leben der Gemeinde – Communio

Tauferinnerung im Gedenken der persönlichen Lebensgeschichte kann für Christen aber kein privatisitischer oder isolierter Vorgang sein. Was allen Getauften gemeinsam von Gott her geschenkt ist, muß auch gemeinsam vergegenwärtigt werden. Daraus entsteht Gemeinde. Communio aus dem Sakrament der Taufe ist mehr als ein Gefühl des Zusammenseins. Es ist Teilhabe aller Getauften am österlichen Glaubens- und Lebensgeheimnis Jesu (Pascha-Mysterium). Als getaufte Christen gemeinsam die Verheißungen der Schrift als Botschaft in die jeweilige Zeit der Gemeinde und der Kirche hinein zu hören, stiftet erst eine Zusammenge-hörig-keit aus einer gleichen Grunderfahrung. Durch die Erinnerung der gemeinsamen Herkunft und Berufung, durch die Vergegenwärtigung dieser, uns mitgegebenen Lebensdeutung in konkreten Lebenserfahrungen wird durch die Feier des Taufgedächtnisses aus Deutung und Erfahrung Überzeugung im Sinne von Bewußtsein. Die eigene Identität als Christ im Taufbewußtsein der Gemeinde getragen und beheimatet zu wissen, bedeutet auch, daß der einzelne vom Glaubenszeugnis der Kirche lebt und sich darauf verlassen kann, wo ihn selber Zweifel und Unglaube in seiner Taufidentität lähmen oder verunsichern. Die Erfahrung des ungläubigen Thomas (Vgl. Joh 20,24-29) steht dafür, wie das gemeinsame Gedächtnis der österlichen Wirklichkeit dem einzelnen Getauften helfen kann, wieder in die bewußte Communio der Kirche hineinzufinden.

Dieser theologische Horizont einer Communio als Gemeinschaft der Heiligen am Heiligen aus dem Sakrament der Taufe wird aber nur dort verständlich, wo er in konkreten pastoralliturgischen Formen zum Ausdruck kommt. Sie haben diesen Zusammenhang von zuerst geschenkter Lebendeutung, in die Christen durch die Taufe eingetaucht wurden, korrelierender alltagspraktischer Erfahrungen und daraus gewachsener Glaubenseinsicht und -entscheidung zu erspüren und ins Wort wie ins Zeichen bringen. Wo das Taufgedächtnis in der Gemeinde so begangen werden soll, daß die genannten drei Aspekte zum Tragen kommen, braucht es in der Verkündigung durch das Kirchenjahr und an bestimmten Orten menschlicher Lebensgeschichte eine innere spirituelle Zielsetzung, die die jeweils vorgegebenen Schriftperikopen auf die alle Hörenden verbindende Grundlage der Taufe hin öffnet. Das setzt vor allem bei den liturgisch und homiletisch Verantwortlichen eine persönliche Taufspiritualität voraus, die die Fest- und Leseordnung des Kirchenjahres aber auch die deutungsoffenen Situationen menschlichen Lebens zuerst und immer wieder aus diesem Blickwinkel anschauen läßt. Von der Taufe her eine neue Aufmerksamkeit für das Verbindende aller Getauften im Leben einer Gemeinde zu entwicklen und zu fördern, wird die gemeinsame Tauferinnerung – etwa zur Eröffnung des Herrentages in der Feier der 1. Vesper vom Sonntag oder in Verbindung mit dem Bußakt in der sonntäglichen Eucharistiefeier – mit Zeichenhandlungen verbinden müssen, an die alle Getauften entsprechend partizipieren können. Hier bietet sich z.b. ein ausgedehntes Lucernarium an, bei dem jeder österliches Licht empfängt und weitergibt und alle miteinander erleben, welche Symbolgestalt die von Ostern erleuchtete Gemeinde bekommt. Andere bedeutsame Symbolhandlungen der Osternachtliturgie müssen in diesem Zusammenhang darauf hin angeschaut werden, wie weit sie das, was die Taufe jedem Christen persönlich und allen miteinander schenkt, auszudrücken vermögen. Eine Besprengung der gesamten Gemeinde mit dem Taufwasser wird diesem Anspruch nicht in der Eindeutigkeit gerecht, wie ein Herantreten der Versammelten an den Taufbrunnen, aus dem jeder einzelne und alle miteinander Wasser schöpfen können, um gemeinsam zu erfahren, aus welcher Quelle Christen leben. Diese Beispiele machen deutlich, wie notwendig eine Suche nach mystagogischen Elementen und Schritten im Bereich der Taufliturgie, -verkündigung und -pastoral geworden ist.

5 Schritte auf dem Weg zu einer mystagogischen Taufpastoral

Es ist bereits erwähnt geworden, daß die Taufe in anthropologisch-psychologischer Hinsicht einen deutenden und ausrichtenden Gedanken gibt und damit identitätstiftende Kraft im Leben eines Menschen hat, der in einer nachchristlich-pluralen Gesellschaft immer wieder neu an die Frage kommt, wonach er sein Leben ausrichten kann und worin er Orientierung findet. Der erläuterte dogmatische Grundgehalt des Tauf- bzw. Initiationssakramentes gibt diesem deutenden und richtenden Gedanken seinen Inhalt. Seine Verinnerlichung braucht aber Zeichen und Symbole, die neben der kognitiven auch die emotional-affektive, die voluntative und pragmatische Erlebnis- und Lerndimension des Menschen ansprechen. Das Taufgedächtnis ist damit mehr als ein Denken an die eigene Taufe. Es ist in dem aufgezeigten umfassenden Erfahrungs- und Deutehorizont des Menschen ‚Erinnerung‘, die durch eine Feier mit Riten wieder gegenwärtig wird, oder überhaupt erst bewußt macht, was das Pascha-Mysterium im Getauften und unter den Getauften wirkt. Wo theologisch vom Geheimnis gesprochen wird, geht es um eine Glaubenswirklichkeit, die Menschen immer nur annähernd in ihrer Sprache zum Ausdruck bringen können. Mystagogie als Einführung in das

Geheimnis des Glaubens besteht deshalb im Blick auf die Verinnerlichung der Taufe wesentlich darin, zentrale Symbolhandlungen der ureigensten kirchlichen Taufliturgie, der Osternachtfeier, im Verlauf des Kirchenjahres und im Duktus der eigenen Lebensgeschichte immer wieder aufleben zu lassen. Dieses Verständnis von Mystagogie orientiert sich an der Verkündigungspraxis der Kirchenväter, die in ihren mystagogischen Katechesen den Neugetauften inhaltlich erschließen, was zuvor in einer ausdrucksvollen Liturgie als leibhaftige Erfahrung vermittelt wurde.

Fundamentale Schritte auf dem Weg zu einer mystagogischen Taufpastoral bestehen in der gegenwärtigen Zeit der Kirche vor allem darin, die Taufbzw. Initiationsliturgie mit Erwachsenen, die noch vereinzelt aber immer häufiger vorkommt, wieder in den Mittelpunkt der Gemeinde zu holen. Auch das Bemühen, die Kindertaufe in die eucharistische Versammlung der Gemeinde am Herrentag zu integrieren, um auf diese Weise ein immer noch nachwirkendes privatistisches Mißverständnis von Taufe zu überwinden, würde die jeweils mitfeiernde Gemeinde zu einem mystagogischen Verständnis der eigenen Taufe bewegen.

Das bereits erwähnte sonntägliche Taufgedächtnis mit einem angemessenen Aspergesritus wird dort seine Fremdheit verlieren und bewußtseinsbildend wirken, wo Gemeinden die genannten fundamentalen Schritte angehen. Im Kontext der Erstkommunion- und Firmvorbereitung ergibt sich ein weiteres Handlungsfeld für die Entwicklung einer mystagogischen Taufpastoral. Dabei kommt es gegenwärtig darauf an, den häufig zeitlich wie inhaltlich zu ausschließlich auf das jeweilige Sakrament fokusierten Blick zu öffnen und von der Taufe her eine spirituelle wie konzeptionelle Verbindung der Initiationssakramente aufzuzeigen. Der frühkirchliche Katechumenat mit seinen Phasen und Stufenriten und seine gegenwärtige Wiederbelebung im Zusammenhang der Taufvorbereitung Erwachsener kann hier zur Anregung werden.

Aber auch in der jüngst zunehmenden Diskussion um die Gestaltung sogenannter ‚priesterloser‘ Wortgottesdienste an den Sonntagen (wie auch an Werktagen z.B. in der Osterzeit) ist die Taufe selten der Denkansatz, von dem aus eine inhaltlich verantwortliche Gestaltung gesucht wird. Die gemeinsame Erinnerung an das aus der Taufe allen geschenkte gemeinsame Glaubensfundament und eine entsprechende mystagogische Leseart der Schrift und ihre Auslegung könnten neu zu einem Verweis werden auf die Eucharistie als das besondere Sakrament der Tauferneuerung. Dieses Vorgehen meint keine Herabminderung der sonntäglichen Eucharistie noch eine theologische Rechtfertigung einer Notstandspraxis. Vielmehr geht es darum, solchen Wortgottesdiensten das Profil zu geben, was sie innerlich wie äußerlich von scheinbar ‚verkürzten Messen‘ unterscheidet. Die Besinnung auf die Taufe ist das, was der Gemeinde der Getauften liturgisch immer und erst recht am Herrentag ansteht. Wo solche Gottesdienste in diesem Sinne gefeiert werden, kann die Sehnsucht nach einer wirklichen und bewußten eucharistischen Kommunion, die mehr ist als die Erwartung, daß eine ‚Sonntagsmesse stattfindet', dadurch nur geweckt werden.

Für diese Ansätze und Schritte auf dem Weg zu einer mystagogischen Taufpastoral wollen die folgenden Beispiele und Reflexionen aus der Praxis Anregungen geben und Hilfe sein. Auch wenn sie hier an bestimmte Zeiten des Kirchenjahres und Lebensorte in einer Gemeinde gebunden sind, bieten sie sich an für Übertragungen bzw. Adaptionen in andere Situationen hinein.

B Tauferinnerung in den Zeiten des Kirchenjahres

I Österliche Bußzeit (Margarete Niggemeyer)

1 Vorbemerkung

1.1 Pastorale Ausgangssituation

Bei der Suche nach Wegen, die in mystagogischer Weise den Zugang zur Taufe neu erschließen, stellt sich die Frage nach den Voraussetzungen, wenn bereits Getaufte auf einen mystagogischen Weg mitgenommen werden sollen. Das Sakrament der Taufe ist vom Erleben her wohl kaum im Bewußtsein, weil die meisten als Säuglinge getauft wurden. Selbst die Tauferneuerung bei der Erstkommunion oder in der jährlichen Osternachtfeier dürfte wenig zur Verlebendigung des Taufbewußtseins beitragen.

Ein Grund mag darin liegen, daß bei den genannten Anlässen das verbale Bekenntnis im Vordergrund steht, während der Empfang des Taufsakramentes eine dichte Zeichenhandlung ist, begleitet von deutenden Worten. Diese Deuteworte bereiten auch dem bereits Getauften, wenn er an der Taufe anderer teilnimmt, Probleme. Er lebt in seinem alltäglichen Leben wohl kaum mit jenen Zeichen, die im sakramentalen Vollzug eine wichtige Bedeutung haben. Eine heute weithin feststellbare differenzierte Kirchlichkeit verlangt nach einer „liturgischen Phantasie" (Medard Kehl), die durch unterschiedliche Symbole, Riten, Gebärden, Gesten und Gesänge diesem gestuften Bewußtsein der Zugehörigkeit Rechnung trägt. Die im folgenden ausgewählten Sonntage stellen Wasser, Licht und Atem/Hauch als Zeichen und Symbole in den Mittelpunkt, „handgreifliche" Elemente, die einen neuen Zugang zur Liturgie eröffnen und helfen können, in der österlichen Bußzeit das Sakrament der Taufe wieder zu verlebendigen. Sind die genannten Elemente nicht letztlich Schöpfungsbausteine, die aus der uns umgebenden Natur genommen und in den Dienst des Heils gestellt werden?

Eine erste Aufgabe wäre demnach, Hilfen anzubieten, die Symbolfähigkeit neu zu entwickeln und Symbole lesen und deuten zu lernen. Es gibt Erfahrungen in unserer alltäglichen Welt, die dabei eine Hilfe sein können. Wir gehen sicher und ohne zu fragen unseren Weg durch eine Bahnhofshalle oder durch ein Flughafengebäude, weil Piktogramme den Weg weisen, auch wenn wir der Sprache z.B. im Ausland nicht mächtig sind. Die sakramentalen Zeichen und Gebärden, sind sie nicht so etwas wie Piktogramme des Glaubens, die wir neu lesen lehren und lesen lernen müssen?

Die hier ausgewählten Sonntage der österlichen Bußzeit (3./4./5. Fastensonntag – Lesejahr A) eröffnen auf besonders anschauliche Weise einen mystagogischen Zugang zur Tauferinnerung, weil in den liturgischen Texten durch die Bilder von Wasser, Licht und Atem/Hauch/Wind jene Symbole angesprochen werden, die sowohl in der Osternachtfeier als auch in der

Vollendung der Pentekoste an Pfingsten eine wichtige Rolle spielen. In ihnen wird die österlich-pfingstliche Dynamik anschaulich, die im Taufgeschehen in sakramentaler Weise grundgelegt wird: Geburt aus dem Wasser und dem Geist, erleuchtet vom Licht des Glaubens; Taufe als Erleuchtung, wie es der Sprachgebrauch der frühen Kirche sagt; schließlich die Ausgießung des Geistes an Pfingsten: ein Bild vom Wasser zur Verdeutlichung geistgewirkter Kraft.

Die ausgewählten Messen der österlichen Bußzeit sind im wahrsten Sinn des Wortes Motivmessen, denn sie lassen jeweils ein Motiv in den Blick treten. Die biblische Verkündigung stellt es in seinen heilsgeschichtlichen Zusammenhang, so daß von dorther die Einladung ergeht, die Vergegenwärtigung dieser Heilsereignisse situativ und erfahrungsbezogen sichtbar zu machen und zu feiern. Deshalb bedarf es neben der Wortverkündigung auch einer leibhaftigen Erfahrung bei der Erschließung dieser Symbole. Ist nicht gerade die Taufe als Grundsakrament unseres Christseins und Christwerdens im buchstäblichen Sinne ein Sakrament, das uns auf den Leib geschnitten ist, das uns leibhaftig ergreift und verwandelt? Damit diese ganzheitliche Erfahrung bei der Feier der Liturgie möglich wird, sind insbesondere Zeiten der Stille, des Schweigens, des inneren und äußeren Schauens wichtig. Sonst entsteht der Eindruck, daß die Feier ein funktionsbestimmter Vorgang ist, der bei den Feiernden keinen „Sitz im Leben" hat.

Die biblischen Texte der drei genannten Sonntage haben bereits in den Anfängen der christlichen Kunst ihre bildhafte Ausgestaltung erfahren, insbesondere im Blick auf die Taufe. In der Katakombenmalerei und in den Mosaiken der frühchristlichen Basiliken sind immer wieder diese Motive anzutreffen. Das könnte anregen, im Laufe der österlichen Bußzeit Bilder zu malen, die von Sonntag zu Sonntag als Bildbotschaften aneinandergefügt werden. Als Gesamtbild veranschaulichen sie die Wege zur Tauferneuerung. Die Vorschläge zur liturgischen Ausgestaltung werden sich – je nach Gemeindesituation – unterschiedlich verwirklichen lassen.

Im sonntäglichen Gemeindegottesdienst

sind solche Vorschläge vorzuziehen, die keiner intensiveren Hinführung bedürfen, sondern die sich eher verstehen als ein neues Aufmerksamwerden auf bekannte und manchmal nicht mehr bewußt vollzogene Riten.

Im Gottesdienst für Gruppen

als eucharistische oder nichteucharistische Feiern kann vorausgesetzt werden, daß auch für solche Vollzüge eine Offenheit da ist, die eher experimentellen Charakter haben. Die Bereitschaft, sich darauf einzulassen, wird geweckt, wenn die Vorbereitung der Liturgie aus der Gruppe selbst erwächst und die Verteilung liturgischer Dienste bewußtmacht, daß die Feiernden selbst Subjekt der Liturgie sind.

Die zeitliche Dauer
der liturgischen Feier ist in diesem Zusammenhang neu zu bedenken. Wenn eine Gemeinde gewohnt ist, daß ihre „Sonntagspflicht" in einer bestimmten Zeit erfüllt ist, dürfte wohl kaum eine Bereitschaft erwartet werden, sich auf bestimmte liturgische Ausgestaltungen einzulassen, weil dadurch für sie der gewohnte Zeitrahmen überschritten wird. Deshalb sollte bei der Ankündigung einer liturgischen Feier darauf hingewiesen werden, daß diese „besonders" vorbereitet und von einer bestimmten Gruppe (der Gemeinde) gestaltet wird. So könnte eine Gemeinde allmählich dahin geführt werden, daß sie die Feier der Liturgie als ein Geschehen mit innerer Dynamik erlebt, die in Eröffnung, Höhepunkt und Ausklang ihre Schwerpunkte setzt.

Bewegungselemente
Die frühchristliche Praxis der Taufspendung durch Untertauchen weist auf die leibhaftige Dimension dieses Sakramentes hin, letztlich auf die inkarnatorische Struktur des Heiles. Deshalb scheint es angemessen, in der (sonntäglichen) Liturgie und in der Vorbereitung auf die Tauferinnerung in der Osternacht Bewegungs- und Tanzformen einzubeziehen, damit auf diese Weise die Feier der Liturgie „leibhaftig" erfahren wird.
Haltungen und Gebärden können im bewußten Vollzug (nicht nur vom Priester) ein erster Schritt dazu sein. Als Hochform gilt der liturgische Tanz, der durch Einfachheit und Reduktion seiner Formen den Feiernden zugänglich sein sollte. So erfährt sich die Gemeinde auch in dieser Dimension als Subjekt der Liturgie, die dann nicht mehr von einer Person „gehalten", sondern von der ganzen Gemeinde gefeiert wird.
Drei Formen des Tanzes in der Liturgie seien im Anschluß an Gereon Vogler genannt:
– Das funktionsbezogene Tanzen des Herbeibringens bzw. der Wege; ein prozessionsmäßiges Tanzen.
– Der Tanz als Weise der Verkündigung.
– Tanz, der durch seine Schönheit die Atmosphäre der Feier gestaltet und bereichert. Dabei gilt, daß sich der Tanz in allen Formen in den liturgischen Kontext einfügen muß.[1]

1.2 Biblische Orientierung

Vorbemerkung zu den Evangelientexten der drei ausgewählten Sonntage der österlichen Bußzeit:
3. Fastensonntag: Joh 4,5-42
4. Fastensonntag: Joh 9,1-41
5. Fastensonntag: Joh 11,1-45
Bei diesen Abschnitten aus dem Johannesevangelium handelt es sich um die großen Zeichen, die Jesus gewirkt hat und die aus österlicher Sicht in einer

symbolträchtigen Zusammenschau das Heilswirken Jesu zusammenfassen. Sie sind urkirchliche Christusverkündigung, vornehmlich bezogen auf die Tauferfahrung der frühen Kirche.

Die johanneischen Zeichengeschichten sind erzählte Deutung von Jesu Wirken mit dem Ziel der Hinführung zum Glauben. Auffallend ist die dialogische Struktur dieser Texte. Dadurch entsteht eine Verwandtschaft mit anderen Zeichen- und Dialoggeschichten im Johannes-Evangelium; vgl.

2,11:   Hochzeit zu Kana;
2,23:   Jesus beim Paschafest im Jerusalem;
3,2:   Gespräch mit Nikodemus;
4,54 :   das zweite Zeichen in Galiläa;
6,2:   die Menge glaubt den Zeichen Jesu und folgt ihm;
12,37:   trotz der Zeichen glaubt die Menge nicht;
20,30:   viele Zeichen sind gar nicht in diesem Buche aufgeschrieben.

Es ist wünschenswert, bei der Verkündigung in der liturgischen Feier dieser Bedeutung der Botschaft in besonderer Weise Rechnung zu tragen. Folgende Hinweise können dazu verhelfen:

– Die Texte fordern ein Leseverhalten, durch das das dramatisch-dialogische Profil der Botschaft zur Geltung kommt.

– Deshalb müssen die Texte aus der „Gruft der Schriftlichkeit" (Eugen Biser) zum lebendigen Wortlaut erweckt und in die ihnen zugrundeliegende mündliche Erzählweise rückübersetzt werden.

– Wer verkündet, muß sich selbst in den Text „eintragen" und sich in das Geschehen einbeziehen. Nur so werden die Texte aus der bloßen Berichterstattung herausgenommen.

– Durch kreativ-nachschaffendes Lesen werden auch die Hörenden in die Dramatik des Geschehens einbezogen.

– Deshalb empfiehlt es sich, die Texte unverkürzt zu Gehör zu bringen.

– Durch Rollenaufteilung werden die verschiedenen Personen(-gruppen) hörbar und lassen die Möglichkeit zur Identifikation bei den Hörenden besser erkennen. Diese Rollenaufteilung könnte sich auf einen bestimmten Abschnitt des Evangeliums beschränken, so daß am Schluß der Vorsteher der Liturgie weiterführend das Evangelium verkündet. (Vgl. die Rollenaufteilung bei der Verkündigung der Passion in der Karliturgie.)

– Folgende Rollen sind zu verteilen:

Joh 4,5-42:   Jesus, Samariterin, Jünger, Leute aus der Stadt, Erzähler;
Joh 9,1-41:   Jesus, Jünger, Nachbarn, Blindgeborener, Eltern, Pharisäer, Juden, Erzähler;
Joh 11,1-45: Jesus, Maria, Marta, Jünger, Juden, Erzähler.

2 Dritter Fastensonntag

Erste Lesung: Ex 17,3-7
Zweite Lesung: Röm 5,1-2.5-8
Evangelium: Joh 4,5-42

2.1 Biblische Orientierung

2.1.1 Zur Ersten Lesung

Das Motiv Wasser bestimmt die Lesungen. Damit stehen sie in der großen Traditionslinie biblischer „Wasserereignisse", d.h. es gibt so etwas wie eine „Wasserader" des Heils und des Unheils: Wasser ist ein ambivalentes Element; Element zum Tode und Element zum Leben.

In der Exoduslesung wird anschaulich erzählt, daß auch ohne Fleischtöpfe Ägyptens ein Überleben möglich ist, nicht aber ohne Wasser. Der Wüstenzug des Volkes Israel unter Mose gleicht einem Weg von Wasserstelle zu Wasserstelle: Zwölf Quellen in Elim, das Wasser des Schilfmeeres, das wie eine Mauer steht und den Weg freigibt, schließlich das Wasser aus dem Felsen. Trotz der natürlichen Erklärung dieses Felsenwassers (Wasser der Schneeschmelze, das sich in den Felsenritzen sammelt) bleibt das Geschenk der Quelle in dieser Situation ein besonderes Ereignis: Hier werden jene Quellgründe freigelegt, von denen das Volk in Wahrheit lebt: Jahwe selbst ist der Quell lebendigen Wassers, auch wenn – wie später Jeremia klagt – das Volk sich Zisternen gräbt, die wegen ihrer Risse kein Wasser halten. Schließlich klagt Jahwe selbst: *Mich, den Quell lebendigen Wassers haben sie verlassen* (Vgl. Jer 1,13).

2.1.2 Zur Zweiten Lesung

In theologischer Reflexion sieht Paulus die Gabe der Rechtfertigung als Geschenk des Geistes, der „ausgegossen" ist in unsere Herzen; auch hier das Bild des Wassers für die überströmende Fülle des Heiles. Diese Metapher für Geist, der gewöhnlich im pfingstlichen Bild des Feuers und des Windes geschildert wird, ist ungewohnt. Diese Elemente sind wie das Wasser jedoch in einem Punkt vergleichbar: Sie sind nicht eingrenzbar und sind Vorgänge, bei denen lebensspendende Energie als positiv erfahren wird, wenngleich die Ambivalenz jeder Symbolik auch hier mitgesehen werden muß.

2.1.3 Zum Evangelium

Von da ist es wie eine innere Konsequenz, wenn Jesus sich im Gespräch mit der Samariterin als das wahre Lebenswasser offenbart. In seiner Glaubenspädagogik führt Jesus die Frau behutsam zum innersten Geheimnis seiner Person. In den verschiedenen Anredeformen Jesus gegenüber zeigt sich, wie die Samariterin zum Glauben an den Messias findet: Jude – Herr – Prophet – Messias – Retter der Welt. Ihre Frage: „Bist du größer als unser Vater Jakob?" ist der Anfang auf ihrem Glaubensweg. Das Alte wird infragegestellt, weil in Jesus das nie versiegende Wasser strömt, das ins ewige Leben weitersprudelt. Auch in den prophetischen Bildern, die das Heil der Endzeit ankündigen, wird immer wieder von der überströmenden Fülle des Wassers gesprochen (Vgl. Ez 47,1; Sach 14,8; Offb 22,1-2).

2.2 Homiletische Erschließung

Bild: Jesus und die Samariterin am Jakobsbrunnen f 44v, Egbert-Codex, um 980, Reichenauer Schule, Stadtbibliothek Trier Hs 24; als Kunstkarte erhältlich bei „ars liturgica" Kunstverlag Maria Laach, Nr. 5508

Aquädukte und Brunnen

In unseren Städten sehen wir vielfach kunstvoll gestaltete Brunnen. An ihnen erfahren wir etwas von der Geschichte der Stadt, oder es sind Figuren, die mit den Menschen und ihrem Leben zusammenhängen. Wir wissen, daß die Kultivierung einer Landschaft vor allem mit dem Bau von Wasserleitungen zusammenhängt, neben der Rodung unwirtlicher Gegenden. Heute bewundern wir die Ruinen römischer Aquädukte und staunen, wie die Römer mit ihren Mitteln solche Bauwerke schaffen konnten, die über Hunderte von Kilometern das Wasser in die bewohnten Gegenden leiteten. Brunnen und Aquädukte sind Wasseradern, die Geschichte gemacht haben.

Vom Adernetz lebendigen Wassers

Als Gemeinde, die zum Gottesdienst versammelt ist, können wir uns auch als Menschen begreifen, die an ein Adernetz angeschlossen sind, durch das Lebensenergie strömt. Es gibt so etwas wie ein Adernetz des Glaubens. Unsere Vorfahren haben deshalb als erstes Taufkirchen gebaut, wenn sie den christlichen Glauben einpflanzen wollten. Sie sind wie Knotenpunkte dieses Adernetzes. Hier wurden Menschen getauft und in den Strom lebendigen Wassers eingetaucht.

Dieses Adernetz des Glaubens, von dem wir leben, hat Gott schon seinem Volk Israel bereitet. An vielen Stellen der hebräischen Bibel wird erzählt, wie das Wasser zum Element des Todes oder auch des Lebens wurde. Israel hat unmittelbar erfahren, was es heißt, mit versiegten Wasserquellen zu leben: Das Murren das Volkes wurde dem Mose eine schwere Last. Das Überleben auf dem Wüstenweg war nur deshalb möglich, weil Jahwe immer neu Wasser hat quellen lassen, selbst unter Umständen, die das Volk zuvor auf eine harte Probe gestellt haben. So wird der Wüstenweg ein Weg von Wasserstelle zu Wasserstelle, auch wenn dazwischen Durststrecken zu überstehen sind.

Quellgründe unseres Christseins

Die Erfahrung Israels, immer wieder Wasser zu haben und Lebenschancen von Jahwe geschenkt zu bekommen, erfüllt sich für uns in der Taufe und in jeder Feier der Eucharistie. Ist die Taufe für uns wirklich der Ur-Sprung unseres christlichen Lebens, aus dem wir bewußt leben? Weil die meisten von uns wohl als Säuglinge dieses Sakrament empfangen haben, fehlt eine konkrete Erinnerung. Die österliche Bußzeit lädt uns ein, diese Quelle für uns neu zu erschließen oder freizulegen, wenn sie verschüttet ist. Dabei können wir wie die Samariterin in die Schule Jesu gehen, der mit seiner Glaubenspädagogik Erstaunliches bewirkt. Jesus erweist sich als der wahre Mystagoge, d.h. als jemand, der schrittweise in das Mysterium hineinführt: In das Geheimnis seiner Person und in die innersten Abgründe im Leben dieser Samariterin. Ja, der Umweg über das Leben dieser Frau ist der direkte Weg zum Geheimnis der Person Jesu und zum Glauben an ihn. Das klingt vielleicht überraschend: Wer den Zugang zu Jesus sucht, darf in seine eigenen Abgründe hinabsteigen, zu den verschütteten Quellen, die nichts mehr vom Lebensstrom der Taufe spüren lassen.

Mystagogie – ein Weg von außen nach innen

Wenn wir dem Gespräch Jesu mit der Samariterin genau lauschen, entdecken wir einen Weg, der von außen nach innen führt: Außen, das sind die Wirklichkeiten, mit denen die Frau Tag für Tag umgeht: Wasserschöpfen, Rast am Brunnen des Vaters Jakob, mit dem Schöpfgefäß umgehen und schließlich ihr Zusammenleben mit einem Mann, der bereits der sechste und der nicht ihr richtiger Mann ist. Mit einer solchen Lebensgeschichte kann Jesus etwas anfangen! Am innersten Punkt des Gepräches legt er die Sehnsucht dieser Frau frei: Sie sehnt sich nach Liebe, die sie offenbar bei ihren Männern nicht gefunden hat. Und nun steigt aus der Tiefe ihres Herzens ein anderes Sehnen auf: Wo müssen wir anbeten? Hier beginnt der neue Weg im Leben dieser Frau.

Dann folgt eine scheinbar nebensächliche Notiz des Evangelisten: Es war um die sechste Stunde. Das bedeutet Mittagszeit, Wende des Sonnenlaufes zum Untergang hin. Aber mit dieser Zeitangabe ist wohl mehr gesagt: Zenit, das heißt Lebenswende für die Frau. Sie hat nun in Jesus die Quelle entdeckt, aus der ihr Leben neu wird: Da ließ die Frau den Krug stehen. Sie selbst ist zum Gefäß geworden, aus dem lebendiges Wasser für die anderen strömt. Die Leute aus der Stadt glauben und eilen zu Jesus.

Taufquell – Lebensquell

Was mit der Samariterin geschehen ist, kann jeden Tag geschehen, auch mit uns. Eines ist jedoch Voraussetzung: Das ganz Alltägliche unseres Lebens ernst zu nehmen, nicht auf die großen Ereignisse zu warten, die unseren Glauben wieder lebendig machen sollen. Die Samariterin tut, was sie jeden Tag tut: Wasser holen, zum Brunnen gehen – und dort geschieht mitten in ihrem Alltag das Erstaunliche durch die Begegnung mit Jesus. Begegnungen können eine solche Veränderung bewirken, wenn ich mich wirklich darauf einlasse, keine Angst habe, auch in die Abgründe meines Lebens hinabzusteigen. Das ist Anfang der Wende, dann ist Zenit meines Lebens. Zenit als Lebenswende ist nicht vom Lebensalter abhängig. Es ist nie zu spät.

Das Element Wasser sagt noch ein weiteres: Jesus vergleicht sich selbst mit dem lebendigen Wasser, und bei jenen, die an ihn glauben, strömt auch aus deren Innerem dieses lebendige Wasser hervor. Wasser fließt, ist in Bewegung, hat eine amorphe Gestalt und wandelt sich ständig. Ist es damit nicht ein ausgezeichnetes Bild für die Wandlung, die an uns geschehen ist, als wir mit dem Wasser der Taufe getauft worden sind? Im Sakrament der Taufe stirbt Altes, und Neues wird geboren. Der Taufbrunnen ist Ort von Tod und Leben zugleich – so wie für die Samariterin der Jakobsbrunnen der Ort ist, an dem ihr altes Leben zu Ende geht und sie als Glaubende zu den Menschen eilt. Wer in das Wasser der Taufe steigt, sagt Ja zu Tod und Auflösung, damit neues Leben geschenkt wird.

Den Zenit meines Lebens entdecken

Wer wie die Samariterin bereit ist, sich auf die Konfrontation mit dem Dunkel des eigenen Lebens einzulassen, wer die Begegnung mit Jesus wagt, muß zunächst dieses Dunkle aushalten, aber nicht um darin zu versinken. Vielmehr ist die Einübung auf diese Selbsterkenntnis die Voraussetzung, Jesus ganz neu zu begegnen. Der Theologe Karl Rahner hat das in seiner

Sprache einmal so ausgedrückt: Die Konfrontation des Menschen mit sich selbst ist der ursprüngliche Zugang zum Glauben.

Konfrontation zulassen, auch durch Menschen, die mich begleiten und die meine dunklen Seiten kennen: Das mag hart sein, aber ich darf hoffen und glauben, daß verschüttete Quellen freigelegt werden, daß ich mich nicht mehr mit dem Krug zum Brunnen bemühen oder Quellen suchen muß, die meinen Durst doch nicht stillen können. Vielmehr werde ich selbst zum Quell für andere: Das könnte in dieser österlichen Bußzeit mein Weg sein, neu aus der Taufe zu leben.

2.3 Liturgische Ausgestaltung

Einführung
Hinweis auf das Zeichen des Wassers, das durch die liturgischen Texte des Sonntags vorgegeben ist und das durch den Bezug zur Taufe eine christologische und mystagogische Deutung erfährt.

Evangelium
in der Langfassung verkünden

Augenblicke der Stille und des Schweigens
– nach den Lesungen
– nach der Predigt
– beim Betrachten eines Meditationsbildes (z.B. das Dia „Die Samariterin am Jakobsbrunnen" vom Misereor-Hungertuch aus Indien aus dem Jahre 1984; vergriffen)
– nach der Kommunion

Antwortgesang
– GL 726: „Meine Seele dürstet allezeit nach Gott" mit Psalm 42/43

Bilderwand bzw. Bilderrolle
Vgl. Hinweise S. 61–64

Fürbitten
Bei jeder Fürbitte wird ein leerer Krug zum Altar gebracht als Zeichen für die Suche nach dem lebendigen Wasser. Der Antwortruf kann lauten: Jesus, Quelle des Lebens, erbarme dich unser!

Glaubenszeugnis
– Credo mit Antwortruf der Gemeinde: GL 448
– Eine „Samariterin" bezeugt vor der Gemeinde ihren Glauben[2]

Zeichenhandlung

Zum Vorverständnis: Beim Laubhüttenfest der Juden wurde ein Trankopfer dargebracht, ein Ritus, der an das Wasserwunder in Ex 17,1-7 erinnern sollte. Von einem Priester wurde in einer goldenen Kanne Wasser aus dem Siloahbrunnen geschöpft und zusammen mit dem Wein zum Altar gebracht. Beides wurde an der Südwestecke des Tempels ausgegossen. Vgl. Jes 12,3: *Ihr werdet mit Frohlocken Wasser schöpfen aus den Quellen des Heiles.*
Bei der Gabenbereitung nimmt der Priester aus dem Kännchen mit Wasser einen Tropfen und mischt ihn unter den Wein. Dieser Ritus könnte entfaltet und auf die Wasserspende des Laubhüttenfestes ausgedeutet werden, wenngleich sein Ursprung in der jetzigen Liturgie anderer Art ist.

Vorschlag: Von hinten aus der Kirche wird ein Krug mit Wasser gebracht und dem Priester am Altar überreicht. Dieser nimmt daraus etwas Wasser für den Kelch. Der Krug bleibt während der Feier am Altar stehen und das Wasser wird gesegnet. Bei dieser Prozession und der weiteren Gabenbereitung kann folgendes Lied gesungen werden: „In dunkler Nacht woll'n wir ziehen, lebendiges Wasser finden."

Nichts als der Durst soll uns leuchten[3]

De noche

Präfation

Die im Meßbuch vorgelegte Präfation vom 3. Fastensonntag ist eine verkürzte Wiedergabe aus den Ambrosianischen Präfationen, die dem Bischof

Eusebius († 462) zugeschrieben werden. In der vollständigen Fassung lautet der Text:

„...durch unseren Herrn Jesus Christus. Um uns das Geheimnis seiner Erniedrigung kund zu tun, setzte Er sich müde am Brunnen nieder und bat die Samariterin um einen Trunk Wasser, nachdem Er selbst die Gnade des Glaubens in ihr gewirkt hatte. Und so groß war der Durst nach ihrem Glauben, daß Er durch Seine Bitte um Wasser das Feuer der göttlichen Liebe in ihr entfachte.

Wir flehen darum zu Deiner unermeßlichen Güte: Laß uns die tiefe Finsternis der Sünde verabscheuen und die Wasser verderbenbringender Leidenschaften fliehen. Laß uns nach Dir, der lebendigen Quelle und dem Urgrund der Güte, immerdar dürsten und Dir durch unser Fasten gefallen."

Abschluß

Wird die Liturgie als Wortgottesdienst in einem kleinen Kreis gefeiert, kann in der Mitte des Raumes ein „Brunnen" aufgestellt werden. Zum Abschluß der Feier trinken die Feiernden aus dem Brunnen: Eine „Samariterin" reicht allen ein Glas mit Wasser. Wenn es angebracht erscheint, können die Feiernden dabei einen Zu-Spruch sagen, z. B. „Wasser des Lebens – für alle, die Durst haben!" o.ä.

3 Vierter Fastensonntag

Erste Lesung: 1 Sam 16,1b.6-9.10-13a
Zweite Lesung: Eph 5,8-14
Evangelium: Joh 9,1-41

3.1 Biblische Orientierung

3.1.1 Zur Ersten Lesung

Dieser Abschnitt ist den Kapiteln über die Anfänge des davidischen Königtums entnommen. David tritt aus der Verborgenheit seiner Kindheit in die Öffentlichkeit. Auf ihn ist die Wahl durch Jahwe gefallen, die durch die Salbung bestätigt wird. Diese Erwählung betont vor allem das Unerwartete und Unbegreifliche göttlichen Handelns.

Die Aufnahme dieses Abschnittes in die Liturgie der österlichen Bußzeit mag in der Analogie begründet sein, die zwischen der Erwählung Davids und der Taufe besteht: Auch hier wird im Ritus der Salbung (und des Wasserübergießens) die Erwählung durch Gott besiegelt und die Gabe des Geistes geschenkt, wie sie auch den israelitischen Königen durch die Salbung verliehen wurde.

3.1.2 Zur Zweiten Lesung

Diese Verse schließen mit einem Hymnus(fragment), das die Lichtsymbolik anspricht, die im Johannesevangelium von der Heilung des Blindgeborenen weitergeführt wird. Dieser Hymnus gilt als Taufhymnus, und es wird vermutet, daß Klemens von Alexandrien († vor 215) in seiner Ermahnung an die Heiden IX,84 die mögliche Fortsetzung dieses Hymnus überliefert. Dort heißt es:

Er, der die Sonne der Auferstehung ist,
der vor dem Morgenstern gezeugt ward,
der durch seine eigenen Strahlen Leben spendet.[5]

Im Stundengebet wird in der Vesper am Donnerstag (2. Woche und 4. Woche) der ostkirchliche Hymnus Phos hilarón gebetet. Dieser steht in der Lichttradition und -mystik, wie sie in den Versen des Epheserbriefes anklingt:

Heiteres Licht vom heiligen Glanz
des unsterblichen himmlischen Vaters,
des heiligen, seligen:
Jesus Christus!

Jetzt, da wir zum Sinken der Sonne kommen
und das Licht des Abends schauen,
rühmen wir den Vater und den Sohn
und den Heiligen Geist Gottes.

Würdig bist du, zu allen Zeiten
besungen zu werden mit heiligem Ruf,
Sohn Gottes, der du uns das Leben gabst;
darum preist dich auch das All.[6]
    Dem Märtyrer Athenogenes (†168) zugeschrieben

Diese Texte müssen zusammengeschaut werden, damit ihr ganzer Reichtum entdeckt wird. Sie sind Ausdruck lebendig erfahrener Wirklichkeit aus der Taufe, die als „Erleuchtung" das Leben des Menschen verändert.

Bei der byzantinischen Tauffeier wird gesprochen:

Reiche mir das Lichtgewand,
der Du Dich umkleidest mit Licht
wie mit einem Gewand,
erbarmungsvoller Christus, unser Gott.[7]

Dadurch geschieht eine existentielle Verankerung der liturgischen Lichtsymbolik mit dem Leben der Getauften, wie in Eph 5,8-14 anklingt. In der römischen Liturgieordnung wird die Lucernarfeier mit Agape zum Ort dieser Erfahrung. Das abendliche Dankgebet für das scheidende Licht entfaltet sich in Analogie zum eucharistischen Hochgebet. Daraus können Texte in die Feier der Liturgie einbezogen werden.

3.1.3 Zum Evangelium

Dieser Text stammt aus der Zeichen-Quelle des Johannesevangeliums und entfaltet in der Heilung vom Blindgeborenen die Botschaft von Jesus

Christus, dem Licht der Welt. Damit gehört diese Perikope in die Vielfalt christlich-liturgischer Lichtsymbolik, deren unerschöpfliche Quelle das Evangelium nach Johannes ist. Der Text läßt sich in folgende Abschnitte gliedern:

9,1-7: Heilung des Blindgeborenen;
9,8-17: Diskussion und Verhör durch die Pharisäer;
9,18-34: Vernehmung der Eltern des Blindgeborenen;
9,35-41: Der Glaube des Geheilten und die Verblendung der Pharisäer.

Die Heilung des Blindgeborenen ist ein Gericht über die vermeintlich Sehenden: Sie werden blind, während die Blinden sehend werden. Höhepunkt ist die Selbstoffenbarung Jesu und der Glaube des Geheilten, den er kniefällig bezeugt. Ähnlich wie bei der Samariterin am Jakobsbrunnen ist auch hier eine dialogische Begegnung eines Glaubenden mit dem Offenbarer. „Du siehst ihn!" – „Ich glaube!" Hier ist die innere Mitte dieses Evangeliums.

Die Frage, ob und in welcher Form die Taufe im Hintergrund dieses Textes steht, wird kontrovers diskutiert. Die frühe Kirche hat sehr stark eine Symbolik für die Taufe aus diesem Text herausgelesen und deshalb dieses Evangelium in die österliche Bußzeit übernommen. Diese war die Zeit der unmittelbaren Vorbereitung der Taufbewerber. Insbesondere wird auf folgende Elemente des Textes verwiesen:

– Nähe des Teiches Schiloach und das Waschen des Blindgeborenen;
– Dialog zwischen Jesus und dem Geheilten analog den Fragen des Taufrituals.

3.2 Homiletische Erschließung

Bild: Die Heilung des Blindgeborenen am Teich Schiloach f 50r, Egbert-Codex, um 980, Reichenauer Schule, Stadtbibliothek Trier Hs 24, als Kunstkarte erhältlich bei „ars liturgica" Kunstverlag Maria Laach, Nr. 4986

Hunger nach Licht
Wer kennt nicht diese Erfahrung: Nach Licht hungern, nach dem Frühling, dem Sommer, wenn die Wintermonate allzu dunkel sind? Wenn wir Urlaubspläne schmieden, möchten wir Sonne pur, wie wir salopp sagen. Dieser Hunger nach Licht treibt uns auf Wege, die uns dieses Licht versprechen. Was ist das eigentlich für ein Hunger? Und was heißt das, wenn wir sagen würden, wir sind satt von Licht? Das ist ungewöhnlich, denn ich glaube, daß wir vom Licht nie satt werden, solange wir leben. Licht und Leben, das gehört untrennbar zusammen.
Menschen, die in KZ's oder in Folterhaft gesperrt wurden, haben die Dunkelhaft erfahren: Nichts mehr wahrnehmen, keine Blickkontakte haben, im Dunkel tappen, auch wenn die Zellenwände als Grenze des Bewegungsraumes längst abgetastet sind. Warum ist Dunkelhaft so grausam? Hier wird Leben in Finsternis getaucht, in ein Vorausahnen von Sterben und Tod, in dem das Auge bricht. Wenn ein Kind geboren wird, sagen wir, es habe das Licht der Welt erblickt. So ist unser Hunger nach Licht wohl mehr als ein optisches Phänomen. Er ist Ausdruck unserer tiefsten Sehnsucht nach Leben, nach Schauen und Erfülltwerden von dem, was uns reich und glücklich macht.

Erfahrungen mit Licht

Unsere Redensarten sind ein Spiegel von Erfahrungen: Wenn jemand das Licht scheut, so hat er Ungutes im Sinn, und lichtscheues Gesindel möchten wir nicht in unserer Nachbarschaft wohnen haben. Ihr Lebensraum ist die Nacht, die alles verbirgt. Mir geht ein Licht auf, das sagt, ich erkenne Zusammenhänge, die mir bislang verborgen waren. Auf einmal entdecke ich, wie ein Licht plötzlich im Dunkel aufflammt. Oder wenn wir im dunklen Wald unterwegs sind, hilft uns eine Lichtung zur ersten Orientierung, den richtigen Weg zu finden.

Lichtungen sind Schneisen, die in die ausweglose Dunkelheit geschlagen werden. Und wenn sich in unserem Leben etwas lichtet, beschreiben wir damit einen Vorgang, bei dem wir zusehends Klarheit gewinnen. Lichtung, das ist ein Vorgang, der uns aus der Konturlosigkeit in die Form führt, in die Gestalt, in das Geordnete und Klare.

Licht – Gottes erste Schöpfung

Ist es deshalb verwunderlich, daß Gottes erste Schöpfung das Licht ist? In der Verdeutschung der Bibel nach Martin Buber lesen wir in den ersten Zeilen des Buches Genesis von Irrsal und Wirrsal. Hier wird lautmalerisch das Chaos beschrieben, das sich als Finsternis ausbreitet. In dieses Chaos bringt das schöpferische Wort Gottes Ordnung, indem es Licht und Finsternis scheidet. Das ist also der Weg, auf dem Leben beginnt: Licht ermöglicht Leben und läßt es wachsen. Weiter heißt es am vierten Schöpfungstag, daß Gott die einzelnen Himmelsleuchten erschafft: Das eine Licht differenziert und spiegelt sich noch einmal in der Vielzahl der Lichter. Sie bestimmen den Rhythmus unseres Lebens, der Jahreszeiten und der Weltordnung.

Lichtzeiten in unserem Leben aus Glauben

Die bisher genannten Erfahrungen prägen auch unser Leben als Getaufte. Die Botschaft der heutigen Lesungen legt uns diese Lichtspur des Glaubens vor Augen. In der österlichen Bußzeit gewinnt sie noch eine besondere Leuchtkraft, weil diese Zeit in der Erinnerung an unsere Taufe zugleich Einübung in die Verlebendigung dieses Sakramentes sein soll. Taufe, das ist nach altkirchlichem Sprachgebrauch das Sakrament der Erleuchtung. Den Getauften ging ein Licht auf; sie erfuhren wie am ersten Schöpfungstag, daß sich ihr Leben aus dem Dunkel lichtete und neuen Glanz bekam. Die Blindenheilung, deren Zeugen wir heute sind, läßt uns anschaulich diese Lichtung des Lebens verfolgen. Wie der Geheilte von Geburt an blind ist, so sind auch wir, obwohl wir das Licht der Welt erblickt haben, dennoch von Geburt an Blinde, weil uns die Augen für Gott und Jesus Christus erst geöffnet werden müssen. Die Salbung der Augen mit dem Brei, den Jesus aus Speichel und Erde gemacht hat, sagt uns, daß wir mit ent-täuschten Augen leben sollen, und die werden uns durch die heilende Berührung mit Jesus geschenkt. Der Kern der Botschaft nach Johannes ist der kurze Dialog zwischen Jesus und dem Geheilten: Du siehst ihn! – Ich glaube! Anrede und Antwort, die zum sehenden Glauben führen. Die Taufe, das ist die erste Lichtung in unserem Leben aus Glauben. Sie wird ausgeweitet in jeder Feier der Liturgie, in der wir immer wieder neu aus dem Dunkel unserer Schuld in das Licht Gottes treten.

Sehend werden aus Glauben – ein ganzes Leben lang
Zweimal wird in der Bibel berichtet, daß Menschen die Augen aufgehen: Adam und Eva erkannten ihre Nacktheit, und den Emmausjüngern gehen die Augen auf, als der Auferstandene ihnen das Brot bricht. Diese beiden gegensätzlichen Erfahrungen sind die Spannung, in die unser Sehendwerden aus Glauben gestellt ist: Zum einen gehen uns die Augen auf, wenn wir unser Versagen erkennen; sodann werden wir sehend, wenn Gottes Licht unser Leben erleuchtet.

Unser ganzes Leben steht unter diesem Vorzeichen: Uns sollen die Augen aufgehen, damit wir erkennen, wer wir sind und wer Gott in Jesus Christus für uns ist. Wir werden fähig, mit ent-täuschten Blicken zu leben. Gleich dem Blindgeborenen können wir uns in das Sehen aus Glauben einüben. Seine Begegnung mit Jesus geht einher mit der wachsenden Einsicht, wer Jesus ist: Die Antworten des Blindgeborenen verdeutlichen das: … der Mann, der Jesus heißt. – Er ist ein Prophet. – Der Menschensohn – wer ist das? Zuletzt stellt er keine Frage mehr, er fällt nieder und betet an.

Das könnte auch unser Weg zum Glauben sein; durch Jesus sehend werden und ihn anbeten. Ob wir uns trauen, das Wort eines geistlichen Lehrers auf uns persönlich anzuwenden? „Ich bin die Herrlichkeit Gottes!" Ja, das ist seit der Taufe Realität, der wir ins Auge schauen dürfen! Seit der Taufe sind wir erleuchtete Menschen. Ist das nicht ungeheuerlich? Ich selbst mit meinem kleinen Leben bin die Wohnung göttlicher Herrlichkeit. An der Begegnung zwischen Jesus und dem Blindgeborenen nehmen wir wahr, worin der Grund für diese Überzeugung liegt: An ihm ist jene Herrlichkeit Gottes offenbar geworden, die er uns schenken will. Nicht wir sind es, die diese Herrlichkeit „machen", nein Jesus selbst wirkt sie an uns. Auch an uns soll diese Herrlichkeit offenbar werden, trotz aller Verdunkelungen, die wir immer wieder vor dieses Licht stellen.

Ich bin die Herrlichkeit Gottes! So dürfen wir seit unserer Taufe sprechen. Allerdings ist das ein hoher Anspruch. Sehend werden für die Herrlichkeit Gottes in mir, das bedeutet zugleich, die blinden Flecken meines Herzens wahrzunehmen, auch wenn sie im Licht Gottes noch dunkler erscheinen, als ich es mir eingestehen möchte. Von Augustinus († 430) wird ein Wort überliefert, das uns wach machen kann für die richtige Blickrichtung unseres Lebens. Er sagt: *„Ich stand mit dem Rücken zum Licht und hatte dem das Antlitz zugewandt, worauf das Licht fiel. So war mein Antlitz selbst nicht* *erleuchtet.*" Ganz anders ist es dagegen bei der Begegnung zwischen Jesus und dem Blindgeborenen: Du siehst ihn! – Ich glaube! Es kostet Mut, sich ganz in das Licht Jesu zu stellen. Aber wenn wir es tun, liegen die Schatten hinter uns. Unsere dunkle Vergangenheit holt uns nicht mehr ein: So geschieht Lichtung unseres Lebens, Tag für Tag. Gott läßt in Jesus sein Angesicht über uns leuchten. Klingt dann nicht der Ruf aus einem alten Tauflied ganz neu für uns? In der Zweiten Lesung haben wir einige Zeilen daraus gehört, und der Kirchenvater Klemens von Alexandrien († vor 215) überliefert die weiteren Verse. Hören wir diese Zeilen als ganz persönliche Einladung an uns in dieser österlichen Bußzeit:

Wach auf, Schläfer,
und steh auf von den Toten,
und Christus wird dein Licht sein.
Er, der die Sonne der Auferstehung ist,
der vor dem Morgenstern gezeugt ward,
der durch seine eigenen Strahlen Leben spendet.

Unsere Antwort darauf könnte ein Gebet aus der byzantinischen Tauffeier sein:

Reiche mir das Lichtgewand,
der Du Dich umkleidest mit Licht
wie mit einem Gewand,
erbarmungsvoller Christus, unser Gott. Amen.

3.3 Liturgische Ausgestaltung

Einführung

Hinweis auf die Lichtsymbolik, die durch die liturgischen Texte des Sonntags vorgegeben ist und die durch den Bezug zur Taufe eine spezifische christologische und mystagogische Deutung erfährt.

Ausgestaltung des Kyrie-Rufes

Hinweis: Die alte Kirche kannte den Brauch, ihre Gebete in Richtung Osten zu sprechen; vgl. auch die Ostung alter Kirchen. Von dort wurde die aufgehende Sonne erwartet, die als Sinnbild für Christus gilt. „ANTE LUCEM" kamen die Christen zusammen, um den Zeitpunkt des Sonnenaufgangs zu erwarten. Wenn die Kirche, in der die Liturgie gefeiert wird, nach Osten gebaut ist, sollte das besondere Erwähnung finden. Evtl. das Spiel des Sonnenlichtes entsprechend der Tageszeit mit berücksichtigen.

Nach den Kyrie-Rufen können jeweils Strophen aus den Hymnen der Laudes gesprochen werden: Vgl. Laudeshymnen aus dem Stundengebet zur Fastenzeit:

Kyrie eleison
Du Sonne der Gerechtigkeit
Christus, vertreib in uns die Nacht,
daß mit dem Licht des neuen Tags
auch unser Herz sich neu erhellt.

Christe eleison
Du schenkst uns diese Gnadenzeit,
gib auch ein reuevolles Herz
und führe auf den Weg zurück,
die deine Langmut irren sah.

Kyrie eleison
Es kommt der Tag, dein Tag erscheint,
da alles neu in Blüte steht;
der Tag, der unsre Freude ist,
der Tag, der uns mit dir versöhnt.

Oder den Hymnus:
Du Abglanz von des Vaters Pracht,
du bringst aus Licht das Licht hervor,
du Licht vom Licht, des Lichtes Quell,
du Tag, der unsern Tag erhellt.

Du wahre Sonne brich herein,
du Sonne, die nicht untergeht,
und mit des Geistes lichtem Strahl
dring tief in unsrer Sinne Grund.

Das Morgenrot steigt höher schon,
wie Morgenrot geh ER uns auf:
In seinem Vater ganz der Sohn,
und ganz der Vater in dem Wort.

Lichtritus
Das Lichtanzünden zu Beginn der Liturgie als Lichtritus ausgestalten.
Am sinnvollsten läßt sich dieser Vorschlag bei der Vorabendmesse verwirk-
lichen, weil auch von der Tageszeit her ein besonderes Empfinden für das
Anwachsen des Lichtes gegeben ist.

– Zunächst nur eine Kerze (am Altar) anzünden. Die weiteren Kerzen
  können in folgender Weise angezündet werden:
– Bei jedem Kyrie-Ruf eine weitere Kerze.
– Zur Prozession mit dem Evangelienbuch zwei Kerzen anzünden, die mit
  zum Ambo getragen werden. Evtl. am Ambo eine Christusikone auf-
  stellen, neben die nach der Verkündigung des Evangeliums die beiden
  Kerzen gestellt werden.
– Nach der Predigt die übrigen Kerzen.

Evangelium
in der Langfassung verkünden

Bildbetrachtung
Dia „Der Blindgeborene" vom Misereor-Hungertuch aus Indien aus dem Jahre 1984

Bilderwand bzw. Bilderrolle
Vgl. Hinweise S. 61 – 64

Nach der Kommunion
Meditative Impulse: Du siehst ihn! – Ich glaube!
Anbetung und Glaube sind die Antwort des Blindgeborenen auf die Begegnung mit dem, der als Licht in die Welt gekommen ist.
Glaube und Anbetung – sind sie auch meine Antwort?
– ER hat mir die Augen geöffnet.
– ER erleuchtet mich ganz.
– ER durchschaut mich bis auf den Grund.
– ER lichtet mein Leben.
– ER steht mir Aug' in Auge gegenüber.
– ER ist das Licht auf meinem Weg.

Lichtritus
Beim Lichtritus in der Vorabendmesse kann eines der folgenden Gebete gesprochen werden; evtl. auch Texte aus dem Lucernarium einbeziehen.

Die Traditio Apostolica nach Hippolyt (+235/236) enthält im 25. Kapitel ein „Gebet beim Hereintragen der Lampen":
Wir danken dir, Gott,
durch Jesus, unseren Herrn.
Durch ihn hast du unser Leben erhellt
und uns dein nie endendes Licht geoffenbart.
Wir haben die Länge des Tages durchmessen
und sind an den Anfang der Nacht gelangt;
wir sind satt geworden vom Licht des Tages,
das du zu unserer Freude erschaffen hast.
Durch dein Erbarmen fehlt uns auch jetzt am Abend
nicht das tröstende Licht.
Dafür loben und preisen wir dich durch Jesus Christus,
deinen Sohn, unsern Herrn,
der mit dir lebt und herrscht in Ewigkeit. Amen. [8]

Aus der altspanischen Liturgie wird eine Lichtdanksagung in der Fastenzeit überliefert:

Erhöre uns, nie verlöschendes Licht,
Herr, unser Gott, Licht vom einzig wahren Licht,
du Quelle des Lichts und Schöpfer der Lichter,
die du für uns geschaffen und hast aufstrahlen lassen.
Du bist das Licht deiner Engel und Heiligen.
Möge dein Licht unseren Seelen strahlen.
Mögen sie von dir entbrennen und vor dir leuchten.

Sie mögen leuchten in Wahrheit, glühen in Liebe.
Ihre Flamme soll nie verdunkelt,
ihr Glühen nie zu Asche verbrannt werden.
Segne dieses Licht, o Licht,
denn was wir in unseren Händen tragen,
hast du geschaffen und uns geschenkt.
Wie wir durch diese Lichter, die wir entzündet haben,
von diesem Ort die Nacht verdrängen,
so treibe die Dunkelheit aus unseren Herzen.
Möchten wir doch dein Tempel sein,
der vor dir und in dir strahlt,
ohne Unterlaß leuchtet und dir dient,
in dir glüht ohne Erlöschen. Amen.[9]

Eine Lucernariumsvesper feiern

Vgl. dazu: Die Feier des Gottesdienstes. Gestalt und Gestaltung. Liturgische und musikalische Hilfen. Herausgegeben vom Amt für Kirchenmusik im Ordinariat des Erzbistums München und Freising – Heft 2: Die Feier der Stundenliturgie in der Gemeinde. Hinweise und Materialien für Vesper und Laudes von Markus Eham. München 1992. Die Lesung aus dem Evangelium sowie die Homilie können in die Vesper – mit evtl. Kürzungen – einbezogen werden, so daß der Zusammenhang mit der österlichen Bußzeit erkennbar ist.

Bei einem Gruppengottesdienst eine Lichtfeier gestalten
Leitwort: Im Lichte leben

1. Teil: Aus der Finsternis das Licht schälen (Rose Ausländer)

Sich sammeln

Alle sammeln sich im dunklen Raum – Schweigen – das Dunkel wahrnehmen. In der Mitte des Raumes ist eine Spirale vorbereitet, gelegt aus grünen Zweigen. Darin steht eine brennende Kerze!

Es werde Licht!

Botschaft aus dem Buche Genesis (Verdeutschung von Martin Buber) in Abschnitten vortragen und durch Verklanglichung ausdeuten:
Vorausklang : Tamtam und Becken deuten Finsternis an

Botschaft von Gen 1,1-2:

Im Anfang schuf Gott den Himmel und die Erde.
Die Erde aber war Irrsal und Wirrsal.
Finsternis über Urwirbels Antlitz.
Braus Gottes schwingend über dem Antlitz der Wasser.

Klang: Tamtam mit Becken; Zimbeln und Triangeln

Botschaft von Gen 1,3-4:

Gott sprach: Licht werde! Licht ward.

Klang: Zimbeln und Triangeln

Gott sah das Licht: daß es gut ist.
Gott schied zwischen dem Licht und der Finsternis.
Gott rief dem Licht: Tag! und der Finsternis rief er: Nacht!
Abend ward und Morgen ward: Ein Tag.

Klang: Dialog von Klangröhre hoch und Klangröhre tief

Botschaft von Gen 1,14-16:

Gott sprach:
Leuchten seien am Gewölb des Himmels,
zwischen dem Tag und der Nacht zu scheiden,
daß sie werden zu Leuchten,
so für Gezeiten so für Tage und Jahre,
und seien Leuchten am Gewölb des Himmels,
über die Erde zu leuchten.
Es ward so.

Klang: Zusammenspiel von Röhren, Zimbeln und Triangeln

Botschaft von Gen 1,17-19:

Gott machte die zwei großen Leuchten,
die größre Leuchte zur Waltung des Tags
und die kleinre Leuchte zur Waltung der Nacht,
und die Sterne.

Klang: Gong hell und Gong dunkel, dazu Zimbeln

Gott gab sie ans Gewölb des Himmels,
über die Erde zu leuchten,
des Tags und der Nacht zu walten,
zu scheiden zwischen dem Licht und der Finsternis.
Gott sah, daß es gut ist.
Abend ward und Morgen ward: vierter Tag.

Klang: Zusammenspiel aller Instrumente, die noch einmal vom Beginn an die Phasen der Lichtwerdung hörbar machen.

Hinweis: Es werden nicht überall die genannten Instrumente verfügbar sein. U.U. können auch mit Orff'schen Instrumenten die beschriebenen Klänge erzeugt werden.

2. Teil: Das Licht suchen und finden

Der Weg in die Spirale zum Licht

Die Feiernden treten einzeln heran, haben ein noch nicht angezündetes Teelicht in der Hand und gehen schweigend in die Mitte der Spirale, um dort das Licht anzuzünden. Wenn sie aus der Spirale herausgehen, stellen sie das Licht auf den Rand der Spirale, so daß sie ganz im Licht leuchtet. Dabei ein „Licht-Lied" singen oder einen Kanon in mehrfacher Wiederholung. Vgl. Gesänge aus Taizé: „De noche iremos" (wie 3. Fastensonntag) und die Strophe vom Wasser auf LICHT umschreiben: „In dunkler Nacht wolln wir ziehen, lebendiges Licht zu finden. Nichts als die Sehnsucht uns treibet!"; danach eine Zeit des Schweigens halten.

Lob des Lichtes

Evtl. einen Psalm oder aus dem Sonnengesang des Franziskus (gemeinsam singen) oder den folgenden Hymnus:

Gepriesen seist du, Herr,
>> der du die Lichter in der Höhe geschaffen
>> und der du das Licht in den Himmeln über das All leuchten läßt.

Du schufst, um Licht zu spenden,
>> die Sonne für den Tag und den Mond und die Sterne für die Nacht
>> und das Licht der Lampe.

Du bist das hochgefeierte Licht,
>> heiliges Urlicht,
>> und vor dir flieht die Finsternis.

Dein lebendiges Licht, Christus, sende in unsere Herzen
>> und laß uns einmütig rufen:
>> Gepriesen sei der heilige Name deiner Herrlichkeit!
>> Wir preisen und verherrlichen dich:
>> Den Vater und den Sohn und den Heiligen Geist
>> jetzt und in Ewigkeit. Amen.[10]

3. Teil: Im Lichte leben

Ankündigung des Lichtes

Hereintragen einer Christusikone, die in die Mitte der Spirale gestellt wird. Lied der Gemeinde: z.B. GL 704; 701; 643 (1. Str. als Kehrvers der Gemeinde zu einem Psalm oder Hymnus); GL 644, 1.4.6.7

Biblische Botschaft

Joh 9,1-41 (Vgl. 4. Fastensonntag)

Stille

Danach kann die Lichtwerdung im Klang wiederholt werden, jetzt deutbar auf die „Lichtung" im Glauben bei der Heilung des Blindgeborenen.

Homilie

Gebet

Segen

Entlassung
evtl. anschließend Agape

Hinweis: Der Ambo oder das Lesepult, auf dem das Evangelienbuch liegt, könnte mit einem Tuch geschmückt werden, auf dem die griechischen Worte für LICHT und LEBEN stehen. Sie sind in Kreuzform angeordnet und bedeuten ein Christusmonogramm, ähnlich wie das griechische X P.

$$\begin{matrix} & \Phi & \\ Z & \Omega & H \\ & \Sigma & \end{matrix}$$ senkrecht das Wort PHOS – Licht
waagerecht das Wort ZOAE – Leben

4 Fünfter Fastensonntag

Erste Lesung :   Ez 37,12b-14
Zweite Lesung: Röm 8,8-11
Evangelium: Joh 11,1-45

4.1 Biblische Orientierung

4.1.1 Zur Ersten Lesung

Vorbemerkung: Die Lesung aus dem Buche Ezechiel bildet den Schluß der eindrucksvollen Vision des Propheten. Damit die Botschaft in ihrer Fülle erschlossen werden kann, empfiehlt es sich, eine Auswahl der vorausgehenden Verse voranzustellen, z.B. die Verse 1-2.9-12a. Sie lauten:

V. 1:   Die Hand des Herrn legte sich auf mich, und der Herr brachte mich im Geist hinaus und versetzte mich mitten in die Ebene. Sie war voll von Gebeinen.

V. 2:   Er führe mich ringsum an ihnen vorüber, und ich sah sehr viele über die Ebene verstreut liegen; sie waren ganz ausgetrocknet.

V. 9:   Da sagte er zu mir: Rede als Prophet zum Geist: So spricht Gott, der Herr: Geist, komm herbei von den vier Winden! Hauch diese Erschlagenen an, damit sie lebendig werden.

V. 10: Da sprach ich als Prophet, wie er mir befohlen hatte, und es kam Geist in sie. Sie wurden lebendig und standen auf – ein großes, gewaltiges Heer.

V. 11: Er sagte zu mir: Menschensohn, diese Gebeine sind das ganze Haus Israel. Jetzt sagt Israel: Ausgetrocknet sind unsere Gebeine, unsere Hoffnung ist untergegangen.

V. 12a: Deshalb tritt als Prophet auf, und sag zu ihnen: ...
Die vom Propheten geschaute Ebene mit den Gebeinen ist ein Bild für die in Babel dem Tod preisgegebenen Israeliten. Die verheißene Heimkehr aus dem Exil ist deshalb glaubwürdig, weil in Israel die Erinnerung an die erste grundlegende Rettungstat Jahwes, die Herausführung aus dem Sklavenhaus Ägypten, immer lebendig geblieben ist. In Vers 14b bekräftigt Jahwe selbst seine Verheißung: Ich habe gesprochen, und ich führe es aus.
Das Heer der Erschlagenen, die über die ganze Ebene hin verstreut liegen, bedeutet das ganze Haus Israel, das von Vernichtung bedroht ist. Nur Gottes schöpferische Macht kann aus dieser Todesstarre retten, nur er kann aus dem Exil herausführen. In zwei Bildern wird dieses Rettende anschaulich: Das Herausholen aus den Gräbern und die Belebung der verdorrten Gebeine durch den göttlichen Hauch. So reagiert Gott auf die Todesstarre! Die Domäne des Todes wird in einen Bereich des Lebens verwandelt.

4.1.2 Zur Zweiten Lesung
Der zentrale Gedanke dieser Verse ist das Wirken des Geistes Gottes in uns. Dieser Geist führt uns hinein in das innerste Geheimnis Gottes, denn es ist SEIN Geist, der in Jesus und in den Getauften lebt. Seine lebenerweckende Kraft hat er an Jesus erwiesen, und auch wir werden die Verwandlung unseres sterblichen Leibes erfahren. Das aber ist die Bedingung: Wir müssen diesem Geist in uns Raum geben, er muß in uns wohnen. Gleich zweimal betont Paulus das Wohnen IN uns, ein „mystagogisches" IN, das später bei ihm immer wieder zur Formel IN CHRISTUS führt. Dieses Wohnen läßt an Haus/Tempel denken; ein Gedanke, der in der altkirchlichen Tradition die Taufe mit einer Tempelweihe vergleicht. Paulus selbst spricht in 1 Kor 3,16 auch davon, daß wir der Tempel Gottes sind.

4.1.3 Zum Evangelium
Diese Perikope ist ebenso wie die der beiden vorhergehenden Sonntage eine Zeichengeschichte. Sie läßt sich wie folgt gliedern:
VV. 1-16: Jesu Weg nach Betanien und die Nachricht vom Tod des Lazarus
VV. 17-27: Marta und Jesus
VV. 28-32: Maria und Jesus
VV. 39-45: Szene am Grab
Wichtig ist die Unterscheidung von zwei Ebenen, denn die Sprache des Evangelisten ist doppeldeutig:
– zeitliche Ebene des Geschehens: Tod und Sterben des Lazarus, Lösen seiner Binden, die Juden und Zeitgenossen von Maria, Marta und Jesus.
– heilsgeschichtliche Ebene des Geschehens: Jesu Selbstoffenbarung als der Überwinder des Todes; der Schlaf des Lazarus als Hinweis auf den Tod; das Lösen der Binden als Zeichen für die Befreiung aus der Fessel des Todes.

Der Kern dieses Evangeliums ist die alte Grabesgeschichte, die in den Versen 17, 35, 38b, 39a, 41a und 43f erkennbar ist. Sie bildet den Hintergrund für Jesu Offenbarungswort: Ich bin die Auferstehung und das Leben. Zu diesem Selbstzeugnis kommt es nicht aufgrund der Gegenüberstellung von Offenbarer und Geheiltem, sondern es steht am Ende eines dramatischen Dialogs über Tod und Leben. Im Glaubenszeugnis der Marta erreicht die Erzählung ihren ersten Höhepunkt (VV. 12-27).

Die Szene am Grab (VV. 38-44) zeigt Jesus als den Herrn über Leben und Tod. Drei Imperative demonstrieren seine Macht: Nehmt den Stein weg! – Löst ihm die Binden! – Laßt ihn weggehen! Lazarus tritt heraus aus dem finsteren Bereich des Todes in den lichtvollen Raum des Lebens (zweiter Höhepunkt des Evangeliums). Kernstücke dieses Textes sind deshalb die beiden Dialoge:

– hingeordnet auf den Glauben (der Gemeinde)
– hingeordnet auf die Verherrlichung Jesu (durch die Auferstehung).

Weitere Totenerweckungen in der biblischen Überlieferung lassen im Vergleich erkennen, daß diese bei Johannes überlieferte den Höhepunkt des Heilshandelns Gottes in Jesus Christus darstellt:

Totenerweckungen im Alten Testament und bei den Synoptikern:

1 Kön 17,17-24:	Elija erweckt den Sohn der Witwe von Sarepta;
2 Kön 4,8-17:	Elischa erweckt den Sohn der Schunemiterin;
Lk 7,11-17:	Jesus erweckt den Jüngling von Nain;
Mk 5,21-43:	Jesus erweckt die Tochter des Jairus;
Apg 9,36-42:	Petrus erweckt die Jüngerin Tabita;
Apg 20,7-12:	Paulus erweckt den Jünger Eutychus.

Die Zusammenstellung der drei Lesungstexte für den 5. Fastensonntag erlaubt ihre wechselseitige Interpretation, insbesondere im Hinblick auf die Taufe, denn deren Verlebendigung steht in dieser österlichen Bußzeit im Mittelpunkt. Die Vision des Ezechiel, die paulinischen Aussagen über den lebenspendenden Geist in den Getauften münden ein in die Selbstoffenbarung Jesu als dem Quell dieses Geistes und dem Urgrund unseres eigenen unvergänglichen Lebens. Die Vorstellung vom Begrabenwerden und Auferstehen, wie sie konkret die Lazarusüberlieferung darstellt, gewinnt in der liturgischen Feier ihre tiefste Dimension: Im sakramentalen Zeichen geschieht, was der Glaube bekennt: „Deinen Tod, o Herr, verkünden wir, und deine Auferstehung preisen wir, bis du kommst in Herrlichkeit!"

4.2 Homiletische Erschließung

Bild: Die Auferweckung des Lazarus f 52v, Egbert-Codex, um 980, Reichenauer Schule, Stadtbibliothek Trier Hs 24

4.2.1 Vorschlag I
Ein-Bild-Galerie und das „magische Auge"
In einem kirchlichen Bildungshaus wurde vor längerer Zeit der Brauch eingeführt, Monat für Monat ein Bild der alten oder modernen Kunst auszustellen. Es wurde im Flurbereich aufgehängt, an der Kreuzung im Haus, an der alle täglich vorbeikamen. Ein Bild – vier Wochen – was ist der Sinn einer solchen Galerie? Wenn wir in Museen gehen, möchten wir gewöhnlich eine Galerie von vielen Bildern sehen, an denen wir die Merkmale einer Kunstepoche studieren können. Ein Bild und vier Wochen, das verlangt Geduld des Sehens, des Hinsehens, des Schauens und Verweilens. Je mehr wir uns darin einüben, umso deutlicher gewinnt ein Bild an Kontur: Dinge am Rand erhalten Bedeutung in ihrer Beziehung zur Bildmitte. Auch der Rahmen eines Bildes, das Passepartout, hat bilderschließende Wirkung. Beide werden sorgfältig auf das Bild und seine Botschaft abgestimmt.
Eine zweite Erfahrung kann helfen, ein Bild in all seinen Dimensionen zu entdecken: Es gibt Karten und Bücher mit dem Signet „Das magische Auge". Wer sie anschaut, entdeckt, daß das Bild auf einmal eine Tiefendimension freigibt, die auf den ersten Blick nicht erkennbar ist. Dreidimensionale Bilder entstehen, wenn wir uns genau auf die vorgegebenen Sehanweisungen einlassen.

In die Bildbotschaft hinabsteigen

Diese beiden Beobachtungen lassen sich auch auf das Sehen und Hören biblischer Texte übertragen. Der 5. Fastensonntag gibt mit seinen Lesungen den Blick in eine Tiefe frei, die sich erst im geduldigen Hören und Schauen erschließt. Diese Texte gehören eng zusammen, dennoch hat jeder seine eigene Botschaft. Die Kernaussage zielt auf die Auferstehung Jesu sowie auf unsere eigene, die aufgrund der Taufe jetzt schon in uns wirksam ist. Eine Botschaft in mehrdimensionaler Brechung! Der Prophet Ezechiel eröffnet mit der Vision von der Wiederbelebung der Totengebeine den weiten Horizont der Völker und des Erdkreises: Das ganze Haus Israel liegt erschlagen auf dem Feld, unkenntlich durch den Tod und die Verwesung. Paulus meditiert und reflektiert im Römerbrief aus nachösterlicher Erfahrung und bezeugt den Glauben an den lebendigmachenden Geist, der Jesus und uns von den Toten auferweckt. Dieses lebenspendende Pneuma ist die Berührungstelle zwischen der prophetischen Vision und deren Erfüllung in der neutestamentlichen Heilsgeschichte.

Der Zielpunkt dieser Auferstehungsbotschaft ist bei Johannes eindeutig auf Jesus Christus ausgerichtet: Er ist die Auferstehung und das Leben! (Vgl. V. 25) Marta bekennt den Herrn mit ihrem Credo: *Herr, ich glaube, daß du der Messias bist, der Sohn Gottes, der in die Welt kommen soll* (V. 27). Die Auferweckung des Lazarus ist die leibhaftige Bestätigung dieses Auferstehungsglaubens.

Atemtherapie aus Glauben

Die Ezechielvision von der belebenden Kraft des Geistes Gottes ist wie ein Schlüssel für die Botschaft dieses Sonntags, ergänzt durch die paulinischen Aussagen vom Leben im Geist. Die weite Ebene, die der Prophet schaut, ist ein Bild für den Horizont des Todes, in den unser Leben gefügt ist. Dabei sollten wir nicht nur an die Zonen des Todes in den Regionen der Kriege und der Naturkatastrophen denken; sie sind wie die Außenseite einer inneren Erfahrung: Alles um uns und in uns ist dem Tod preisgegeben. Verfallserscheinungen gibt es nicht nur im biologischen Bereich; als Glaubende wissen wir, daß durch einen Menschen der Tod in diese Welt gekommen ist. Seitdem seufzt sie und liegt in Wehen in der Hoffnung auf unvergängliches Leben.

Unser Atmungsvorgang verdeutlicht unsere Heils- bzw. Unheilssituation. Wir sind auf Sauerstoff angewiesen, und das gilt entsprechend auch von unserem Glauben. Auch da gibt es eine Sauerstoffbedürftigkeit, wenn wir geistlich leben wollen. Es tut uns gut, an die „frische Luft" zu gehen, tief durchzuatmen, sich der göttlichen Inspiration zu öffnen. Im Ritus der Taufspendung hauchte früher der Priester den Täufling an, ein Zeichen für den lebenschaffenden Geist Gottes, der uns in diesem Sakrament geschenkt wird.

Wir wissen, daß ein luftleerer Raum tödlich ist. Medizinische Hilfe geschieht in den Fällen bedrohten Lebens durch Wiederbelebungsversuche, durch Mund-zu-Mund-Beatmung, durch Sauerstoffzelte, alles Heilmaßnahmen zur Reanimierung, wie es fachlich heißt. Wir nehmen das ernst und hoffen auf die wiederbelebende Kraft solcher Therapie. Es gibt Institute für Sauerstoff-Therapie: Wäre das nicht auch eine Metapher, die für die Kirche gilt? Sie ist es ja, der dieser Geist Jesu anvertraut ist, ja sie selbst ist aus diesem Geist am Pfingstfest geboren. Das könnte ein erster Schritt sein, in dieser österlichen Bußzeit neu den Geist Gottes zu „inhalieren": Zunächst sich Zeit zu nehmen, innezuhalten im Streß, zu sich selbst zu kommen und bewußt auf den eigenen Atem zu achten um zu entdecken, wo Atemstörungen des Glaubens unser geistliches Leben verkümmern lassen.

Auferstehung – mitten im Alltag
Die Befehle Jesu am Grab des Lazarus sind Orientierungsworte für unser Leben aus dem Glauben an die Auferstehung:
– Nehmt den Stein weg!
– Löst ihm die Binden!
– Laßt ihn weggehen!
Den Stein wegnehmen: Bei Lazarus bedeutet das: Der Bereich der Todes wird aufgebrochen, er ist kein endgültiges Verließ, aus dem niemand entkommt. Aber eines ist Bedingung: Von außen muß jemand kommen, um den Stein wegzunehmen. Wem vertraue ich mich an, wenn ich entdecke, daß ich aus eigener Kraft den Todesstein, der mich vom Leben abschnürt, nicht beiseite räumen kann? Wage ich ein Gespräch, das in Umkehr mündet, in die Feier der Versöhnung im Sakrament der Buße? Der Befehl Jesu: „Nehmt den Stein weg!" wird hier konkret erfahrbar, auch für mich.
Die Binden lösen: Das besagt wohl, daß die ersten Gehversuche nicht von mir allein bewältigt werden können. Die wiedergewonnene Freiheit des Lebens aus dem Geist bedarf weiterer Schritte: Grundsätzlich möchten wir wohl dem Geist folgen, aber es gibt vielleicht Bereiche, die uns gefesselt halten, die uns am aufrechten Gang hindern. Wie bei Lazarus die Binden gelöst wurden, kann das in vielfacher Form auch bei mir geschehen: Bereit sein, von anderen aufdecken zu lassen, wo ich noch gefesselt bin, in welchen Bereichen ich nicht loslassen will, weil es vermeintlich meinem Fort-Kommen dient.
Schließlich der dritte Befehl: Laßt ihn gehen! Als Mensch, der in den eigenen Stand und Gang gebracht ist, darf ich meinen Weg gehen, in der Kraft des Geistes Jesu. Wie Lazarus nur für eine gewisse Zeit wieder in sein Leben zurückgeholt wurde, so weiß auch ich, daß grundsätzlich durch die Taufe der Tod bereits hinter mir liegt, aber dennoch muß ich in diesem Leben die vielen kleinen Tode bestehen als Einübung in das endgültige Sterben; ich darf aber auch die kleinen Auferstehungen durchleben, bis mir

das unvergängliche Leben geschenkt wird. Die österliche Bußzeit ist deshalb eine Zeit der Einübung, mit dem durchkreuzten Tod zu leben, weil einer ihn bereits für immer durchkreuzt hat: Jesus, der Auferstandene.

Manchmal feiern wir mitten am Tag ein Fest der Auferstehung...
So beginnt ein geistliches Lied aus unserer Zeit. Es singt von Erfahrungen des Alltags, in denen Neues aufbricht, was aus menschlicher Kraft nicht gelingt. In der Eucharistie dürfen wir dieses Lied in seiner tiefsten Dimension ausdeuten. Hier feiern wir im Zeichen von Brot und Wein die Auferstehung Jesu, wie wir es im Antwortruf nach der Wandlung bezeugen. Dieser Ruf könnte unser Marta-Bekenntnis sein. Wenn wir beim eucharistischen Hochgebet heute stehen, so drücken wir auch in unserer Körperhaltung aus, was wir im Glauben bekennen. Dann kann sich im Alltag fortsetzen, was wir hier gefeiert haben, nicht nur in dieser österlichen Bußzeit, sondern unser ganzes Leben lang: „Bis Du kommst in Herrlichkeit!"

4.2.2 Vorschlag II
Eine Weiterführung der Auferstehungsbotschaft in der Deutung eines Gedichtes von Marie Luise Kaschnitz
(Bei einem Gruppen-Wortgottesdienst)
Manchmal ist es für unseren Glauben erhellend, auf die Stimmen der Dichter und Dichterinnen zu hören, die auf ihre Weise Botschaften des Glaubens verkünden. Ihre manchmal so andere Sprache als jene in unseren Katechismen führen vielleicht unvermittelter und erfahrbarer an das Geheimnis heran. So ergeht es mir bei einem Gedicht von Marie Luise Kaschnitz, das den Titel „Auferstehung" trägt.

Auferstehung
Manchmal stehen wir auf
Stehen wir zur Auferstehung auf
Mitten am Tage
Mit unserem lebendigen Haar
Mit unserer atmenden Haut.

Nur das Gewohnte ist um uns.
Keine Fata Morgana von Palmen
Mit weidenden Löwen
Und sanften Wölfen.

Die Weckuhren hören nicht auf zu ticken
Ihre Leuchtzeiger löschen nicht aus.

Und dennoch leicht
Und dennoch unverwundbar
Geordnet in geheimnisvolle Ordnung
Vorweggenommen in ein Haus aus Licht.[11]

Es ist ein gewöhnlicher Alltag, der hier vorgestellt wird. Aber dennoch durchzieht diesen Alltag ein Erleben von Freude, Gelöstsein und Lebendigkeit, denn eine „geheimnisvolle Ordnung" ist die Leuchtspur, die alles erhellt. Die dreimalige Betonung des „auf" in der ersten Strophe ist ein verborgener Hinweis auf den Grund dieser bejahenden Haltung: Auferstehung – mitten im Alltag: ein dreimaliges „mit", um diesen Ort anzudeuten. Diese Erfahrung ist jedoch nicht verfügbar: „manchmal" geschieht sie, wird sie geschenkt. Es ist der Kairos des Heils, der unverfügbare Augenblick, der sich nicht in Terminkalender einplanen läßt.

Wann aber ist dann diese „Mitte des Tages"? Gestern oder heute oder erst morgen? Die Dichterin läßt es offen, und daraus können wir entnehmen, daß diese Mitte sich immer dann ereignet, wenn wir wach und empfindsam sind für diese Zeichen des auferstehenden Lebens. Die zweite Strophe läßt uns nüchtern die Realität unseres Alltags schauen: Wiederholt steht da das Wort „keine". Auferstehung ist konkret, nicht ein Wunschbild unserer Träume. Aber, und das sagt das „dennoch" in der letzten Strophe: Auferstehung ist Kontrasterfahrung zum Gewohnten, wenngleich sie sich im Gewohnten ereignet. Wir bleiben noch in unserer Zeitlichkeit gefangen – die Weckuhren hören nicht auf zu ticken – ; aber die Botschaft vom Leben ist mächtiger. Das Ziel ist die geheimnisvolle Ordnung, ein Haus aus Licht: Nähe und Geborgenheit bei Gott als Vorausbild für das endgültige Wohnen im Licht.

Auferstehung erfahren, das ist die Botschaft der Dichterin. Es bedeutet, sich von Gott anrufen zu lassen, wach zu sein in der Monotonie des Alltags für die Signale dieses Neuen. Gott ist in Jesus Christus der Garant dafür, daß wir im Alltag bereits diese Erfahrung von Auferstehung machen können. Wie Lazarus sind auch wir Auferstandene, vorweggenommen in ein Haus aus Licht.

Vertiefung und persönliche Aneignung dieser Botschaft

Meditativer Tanz

Wenn die Gruppe empfänglich ist, die Auferstehungsbotschaft ganzheitlich-leibhaft zu interpretieren, könnte ein meditativer Tanz angeregt werden. Josef Sudbrack weist in diesem Zusammenhang darauf hin, daß die Alltäglichkeit, von der die Dichterin spricht, am intensivsten in unserem Leibe nachvollziehbar wird. Die Erfahrung von „leicht, geordnet in geheimnisvolle Ordnung, vorweggenommen in ein Haus aus Licht", ist im Tanz unmittelbar zugänglich, denn „in einer ausgereiften Tanzbewegung entwickelt sich von selbst Form und Ordnung".[12]

Meditation

Die Feiernden meditieren, wie sie in ihrem persönlichen Leben „Auferstehung" erfahren. Diese Erfahrungen werden auf Kärtchen geschrieben und in die Mitte des Kreises gelegt: Ich erfahre Auferstehung, wenn...Wenn die Bereitschaft besteht, können diese Erfahrungen anschließend vorgelesen werden. Bei jeder Nennung wird ein Licht vor einer Christusikone angezündet.

Abschluß

Nochmaliger Vortrag des Gedichtes; danach können die einzelnen „ihren" Vers in die Stille hineinsprechen. Das Lied: „Manchmal feiern wir mitten am Tag ein Fest der Auferstehung"[13] wird abschließend gesungen (und/oder getanzt).

Manchmal feiern wir mitten am Tag

2. Manchmal feiern wir mitten im Wort ein Fest der Auferstehung.
   Sätze werden aufgebrochen, und ein Lied ist da.

3. Manchmal feiern wir mitten im Streit ein Fest der Auferstehung.
   Waffen werden umgeschmiedet, und ein Friede ist da.

4. Manchmal feiern wir mitten im Tun ein Fest der Auferstehung.
   Sperren werden übersprungen, und ein Geist ist da.

Text: A. Albrecht, Musik: Peter Janssens, aus: Ihr seid meine Lieder, 1974, Peter Janssens Musik Verlag, Telgte

4.3 Liturgische Ausgestaltung

Einführung

Hinweis auf den Kern der Botschaft dieses Sonntags: Lebenspendender Hauch Gottes, lebenerweckende Kraft dieses Geistes in den Getauften, Bekenntnis zum Auferstandenen als Ursprung des unvergänglichen Lebens

Nach den Lesungen

meditative Stille, um dem eigenen Atem nachzuspüren

Nach der Ersten Lesung

Atem / Hauch Gottes: melodramatische Orgelimprovisation bzw. Spiel auf Harfe oder Leier zum Ezechieltext statt eines Antwortgesangs

Evangelium

in der Langfassung verkünden

Bilderwand bzw. Bilderrolle

Vgl. Hinweise S. 61 – 64

Fürbitten

– frei formulieren (aus der Gemeinde) – ..."wie der Geist sie eingibt."
– Antwortgesang aus Taizé[14]: „Veni Sancte Spiritus" als Ruf auf die Fürbitten
– Evtl. diesen Ruf als „Ostinato" mehrere Male wiederholen und „darüber" einzelne Verse aus den Lesungen sprechen, z.B. Ich hole euch heraus aus euren Gräbern. – Ich führe euch in euer Land. – Ich lege meinen Geist in euch. – Ich habe gesprochen, und ich führe es aus. – Der Geist Gottes wohnt in euch. – Wir sind nicht vom Fleisch, wir sind vom Geist bestimmt. – Lazarus komm heraus! – Bindet ihn los! – Laßt ihn gehen ! – Marta-Bekenntnis.

Die vier Stimmen setzen in folgender Reihenfolge nacheinander ein:
Baß, Alt, Sopran, Tenor.

Eucharistisches Hochgebet

– Die Gemeinde einladen, während des Hochgebetes zu stehen. (Vgl.
  2. Hochgebet: Du hast uns berufen, vor dir zu stehen und dir zu dienen.)
– Den Antwortruf[15] nach der Wandlung besonders hervorheben/singen
– Das Totengedenken beim Hochgebet hervorheben
– Das AMEN[16] zum Abschluß des Hochgebetes besonders betonen/singen

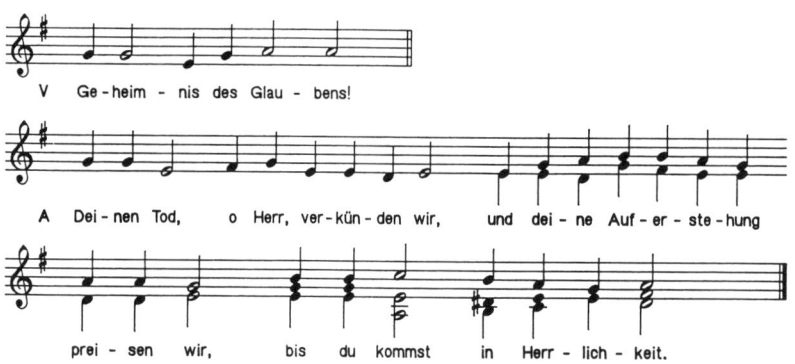

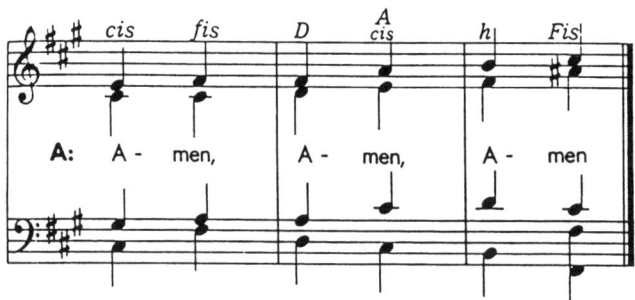

Melodie: Lucien Deiss   Editions Musicales du Levain

Nach der Kommunion Meditation zu einem altkirchlichen Hymnus

Wie der Windhauch durch die Harfe weht
und die Saiten ertönen läßt,
so fährt durch meine Glieder der Geist des Herrn;
und ich ertöne in seiner Liebe.

Aus den Oden Salomos – 6. Ode

Auch als Lied von der Schola vorzutragen[17]

Frühchristlicher Hymnus
Heinz-Gert Freimuth 20.7.1993

Wie der Windhauch durch die Har-fe weht und die Sai-ten er - tö-nen läßt, so fährt durch meine Glie-der der Geist des Herrn: ich er - tö-ne in sei - ner Lie-be, er - tö-ne in sei - ner Lie - be.

Wortgottesdienst mit einer Gruppe

mit Einbeziehung des Gedichtes von Marie Luise Kaschnitz

Hinweis

Die alte Kirche war in ihrer Liturgie und Theologie reich an Hymnen und Liedern, von denen uns häufig nur noch Fragmente überliefert sind; vgl. den Rest eines Taufhymnus in Eph 5,8-14, dessen Fortsetzung in einem hymnischen Text bei Klemens von Alexandrien vermutet wird. Augustinus († 430) berichtet in seinen BEKENNTNISSEN über seine Zeit in Mailand und erzählt, wie sehr ihn der Gesang „feuriger und strahlender Lobgesänge" beeindruckt hat. In einer schönen Metapher, die fast wie ein Gegensatz zur Harfe aus den Oden Salomos wirkt, sagt er:

„Dank sei Dir, mein Gott! Woher und wohin nun hast Du mein Erinnern geleitet, daß ich auch dieses Dir bekenne, so Großes, das ich doch vergessen und achtlos übergangen hatte? Damals, als ,der Wohlgeruch Deiner Salben' doch allosehr duftete, liefen wir gleichwohl ,Dir nicht nach': darum weinte ich um so mehr beim Gesang Deiner Hymnen, ich, der ich einst so schwer nach Dir geatmet und endlich nun aufatme – soweit denn eine Strohhütte Himmelsluft einläßt."[18]

4.4 Pastorale Perspektiven (3./4./5. Fastensonntag)

Die Schwerpunkte der homiletischen Erschließung sowie der liturgischen Feier der drei genannten Sonntage der österlichen Bußzeit lassen sich in den folgenden Punkten zusammenfassen. Sie zeigen eine Perspektive auf, die über den genannten Zeitraum hinausgreift und für längere Sicht eine Gemeinde bewegen und prägen sollte.

– Einübung in bildhaftes Sehen, das die Symbolsprache der biblischen Texte und liturgischen Zeichenhandlungen „durchschaut".

– Versuche, leibhaftige Zugänge und Vollzüge der liturgischen Feier auch von der Gemeinde (mit-)vollziehen zu lassen.

– Differenzierung in der liturgischen Ausgestaltung im Blick auf die (noch nicht) vorhandene Bereitschaft, sich auf experimentelle Formen der liturgischen Feier einzulassen.

– Verlebendigung der Stufen auf dem Initiationsweg des Glaubens, analog dem Taufkatechumenat der frühen Kirche:
Wasser als Element des Todes und des Lebens wahrnehmen; „Wasseradern" der Heilsgeschichte Gottes mit seinem Volk (in der Kirche) und im persönlichen Leben aufspüren.
Lichterfahrungen auf dem Weg des Christwerdens entdecken: aus dem Dunkel des Nichtglaubens und des Zweifels in das Licht des Glaubens; aus dem Dunkel der Schuld in das Licht der Befreiung und erneuten Annahme als Sohn oder Tochter Gottes; das eigene Leben als einen Weg des lebenslangen Lernens im Glauben annehmen und gestalten.
Auferstehungserfahrungen im Alltag als Vor-Schein endgültiger Auferstehung wahrnehmen; Verfallserscheinungen als Verwandlung in neue Formen des Lebens entdecken; in der eucharistischen Feier des „durchkreuzten Todes" Jesu Christi das unvergängliche Leben aufleuchten sehen.

Diese pastoralen Perspektiven verstehen sich als langfristig einzuübende Haltungen und Vollzüge der Gemeinde und des persönlichen Glaubens. Es kann wohl kaum erwartet werden, daß die einmalige Feier dieser drei Sonntage der österlichen Bußzeit das Ziel erreicht. Deshalb sollte über diese Zeit hinaus immer wieder auf dieses Anliegen hingewiesen werden. Es könnte sonst der Eindruck entstehen, daß die durch die o.g. Elemente verlebendigte Feier der Liturgie ausschließlich auf diesen zeitlichen Rahmen beschränkt sei und danach kehrt wieder die „Ruhe" des alltäglich-gewohnten Ritus ein.

5 Materialien für Verkündigung und Liturgie

5.1 Hinweise zur bildnerischen Gestaltung

Die unter der Überschrift „Liturgische Ausgestaltung" gemachten Vorschlä-ge, die Botschaft der Bilder ausdrücklich in die Verkündigung einzubezie-hen, können in folgender Weise verwirklicht werden.

Einzelne Gruppen der Gemeinde übernehmen jeweils ein Bildmotiv und gestalten es in unterschiedlicher Bildtechnik aus. Folgende Bildthemen bie-ten sich an:

3. Fastensonntag
– Mose schlägt Wasser aus dem Felsen
– Jesus und die Samariterin am Jakobsbrunnen
– Einzelne Elemente können noch besonders hervorgehoben werden: Stab des Mose, Krug der Samariterin, Brunnen

4. Fastensonntag
– David wird gesalbt
– Text des Hymnus aus dem Epheserbrief kalligraphisch gestalten
– Die Heilung des Blindgeborenen – evtl. in mehreren Szenen

5. Fastensonntag
– Die Ebene mit den Totengebeinen
– Symbol für den Geist Gottes
– Die Erweckung des Lazarus in mehreren Szenen

Vgl. dazu die Hinweise S. 61 – 64 zur Gestaltung der Bilderwand.

Die gemalten Bilder können in zwei verschiedenen Formen sichtbar gemacht werden:

Bilderwand
Analog der Ikonostase in den Kirchen des ostkirchlichen Ritus. Werden die Bilder in Reihen von je drei angebracht, kann in der Mitte eine Fläche frei bleiben, in die hinein in der Osternacht ein Auferstehungsbild gefügt wird.

Bilderrolle
Diese Form knüpft an die Tradition der Exultetrolle an, die bis ins Mittelal-ter beim Gesang des Exultet vom Ambo in der Weise abgerollt wurde, daß die Gemeinde zum vorgetragenen Text des Exultet die jeweiligen Bilder „mitlesen" konnte. Für diese Form braucht es eine lange Papierbahn, auf die jeweils die Motive gemalt sind und die bei der Verkündigung der litur-gischen Lesungen abgerollt wird. In der Osternacht könnte diese Bilderrolle

in eine Exultetrolle übergehen und die entsprechenden Motive aus dem Preisgesang auf die Osterkerze sichtbar machen.

Hinweis

Die Bilderrolle kann durch eine Exultetrolle weitergeführt werden. In der Osternacht wurde nach mittelalterlichem Brauch (vor allem im 10.-13. Jahrhundert) beim Gesang des EXULTET vom Ambo aus eine Rolle entfaltet, auf der entsprechend dem Text des österlichen Lobgesangs für das Volk die dem Text zugehörigen Bilder sichtbar wurden. Folgende Motive waren die am häufigsten wiederkehrenden Bilder: Initiale E, Diakon auf dem Ambo, Mater Ecclesia, Bienen am Bienenstock, Felix culpa des Adam, Durchzug durch das Rote Meer, Zerbrechen der Bande der Unterwelt durch den Abstieg Christi in das Reich des Todes. Diese Rollen waren zwischen 2 m und 9 m lang und 13 cm bis 43 cm breit. Sie wurden einmal im Jahr gezeigt. (Im Jahr 1994 fand in Monte Cassino in Süditalien eine Austellung kostbarer Exultetrollen statt. Der dazu erschienene Katalog enthält zahlreiche Bilder als Anregung für die Gestaltung einer Exultetrolle. Der Titel lautet: Katalog EXULTET (italienisch). Istituto Poligrafico e Zecca della stato, Roma 1994.)

Aus praktischen Gründen kann diese Rolle in der Osternacht vor Beginn der Liturgie an einer Wand angebracht und nach dem Anzünden der Kerzen entsprechend beleuchtet werden. Weil der Diakon das Exultet in den meisten Fällen unmittelbar bei der Osterkerze stehend vorträgt, ist ein Abrollen an dieser Stelle unpraktikabel.

Einzelhinweise zur Gestaltung der Bilderwand

Es empfiehlt sich, in die Bilderwand auch Motive des 1. und 2. Fastensonntags sowie des Palmsonntags aufzunehmen.

1. Fastensonntag

– Paradies und Sündenfall
– Versuchung Jesu in der Wüste

2. Fastensonntag

– Berufung Abrahams
– Verklärung Jesu

Palmsonntag

Durch die Palmprozession wird das Geschehen dieses Sonntags dramatisch dargestellt, so daß eine bildliche Gestaltung nicht sinnvoll erscheint. Deshalb der Vorschlag: Das in der Prozession mitgetragene Kreuz wird so vor die bis dahin entstandene Bilderwand gestellt, daß der Schnittpunkt der Kreuzbalken genau vor dem mittleren, noch leeren Feld steht.

In der Osternacht

kann das leere Feld auf verschiedene Weise gestaltet werden:
Eine gemalte Sonne füllt diese Mitte aus.
Die griechischen Buchstaben $\Phi\ \Omega\ \Sigma - Z\ \Omega\ H$
werden in Kreuzform dort angebracht.

Das Christogramm X P mit A Ω wird auf eine runde Scheibe geschrieben und mit einem grünen Kranz geschmückt. Dadurch wird an die Tradition des Lorbeerkranzes erinnert, den der römische Kaiser nach einem Sieg auf dem Haupte trug.

Zur Anordnung der Bilder folgende Vorschläge:

Bilderwand in Hochformat = 1. Muster
Das Hochformat betont die Senkrechte, die auf das AUF-ER-STEHEN hinweist. Die linke Senkrechte umfaßt die Motive aus dem Alten Testament, die rechte Senkrechte jene aus dem Neuen Testament. Die Bildmitte ruht auf der Vision des Ezechiel und ragt hinein in die Auferweckung des Lazarus. Diese Senkrechte ist die Bildachse, um die sich alles „dreht".

Bilderwand in Querformat = 2. Muster
Das Querformat betont mehr die epische Breite des Erzählerischen. Hier können zu den Darstellungen der Bildmotive auch einzelne Symbole zusätzlich eingefügt werden. Die Mitte sollte jedoch von einer Bildbotschaft ausgefüllt werden, die AUFERSTEHUNG heißt.

Zuordnung der Bilder auf der Bilderwand

1. Fastensonntag	*1. Fastensonntag*
Versuchung im Paradies	Versuchung Jesu
2. Fastensonntag	*2. Fastensonntag*
Berufung Abrahams	Verklärung Jesu
3. Fastensonntag	*3. Fastensonntag*
Wasser aus dem Felsen	Samariterin
4. Fastensonntag	*4. Fastensonntag*
Davids Erwählung	Blindenheilung
5. Fastensonntag	*5. Fastensonntag*
Ezechielvision	Erweckung des Lazarus

Palmsonntag
Kreuz vor das leere Feld stellen

Osternacht
Christogramm mit Kranz oder Sonne
(Bild von Manessier, Auferstehung, 1949, © VG Bild-Kunst, Bonn 1996, als farbiges Gebetsbild im Verlag ver sacrum zu erhalten)

Muster 1

1. Fastensonntag Versuchung im Paradies	**5. Fastensonntag** Erweckung des Lazarus **Palmsonntag** Kreuz vor das leere Feld stellen	**1. Fastensonntag** Versuchung Jesu
2. Fastensonntag Berufung Abrahams **3. Fastensonntag** Wasser aus dem Felsen		**2. Fastensonntag** Verklärung Jesu **3. Fastensonntag** Samariterin
4. Fastensonntag Davids Erwählung	**Osternacht** Christogramm mit Kranz oder Sonne **5. Fastensonntag** Ezechielvision	**4. Fastensonntag** Blindenheilung

Muster 2

1. Fastensonntag Versuchung im Paradies	**1. Fastensonntag** Versuchung Jesu	**2. Fastensonntag** Verklärung Jesu	**2. Fastensonntag** Berufung Abrahams
3. Fastensonntag Wasser aus dem Felsen	**Osternacht** Christogramm mit Kranz oder Sonne **Palmsonntag** Kreuz vor das leere Feld stellen		**3. Fastensonntag** Samariterin
4. Fastensonntag Davids Erwählung	**5. Fastensonntag** Ezechielvision	**5. Fastensonntag** Erweckung des Lazarus	**4. Fastensonntag** Blindenheilung

5.2 Christusmonogramme als Zeugnisse des Glaubens

Der 4. Fastensonntag legt es nahe, das altüberlieferte Christusmonogramm „PHOS – ZOAE" der Gemeinde vorzustellen. Die Gleichsetzung von LICHT und LEBEN steht im Prolog bei Johannes1,4, ein Beleg, daß diese christliche Vorstellung von der griechischen Kultur her übernommen wurde. Den Christen Syriens war diese Formel geläufg. Sie schrieben die Worte in Kreuzesform ineinander und meißelten sie als Schutzzeichen auf die Außenseite des Türsturzes. (Vgl. auch Joh 8,12… wird das Licht des Lebens haben.) Licht und Leben sind Wechselbegriffe. In der Antike wurde die „alleserzeugende Sonne" auch das „Licht des Lebens" genannt. Augustinus († 430) sagt: Surrexit lux nostra, Christus.

$$\Phi$$
$$Z \quad \Omega \quad H$$
$$\Sigma$$

Das Monogramm XP ist bekannter: Anfang des Namens CHRISTOS in griechischer Sprache.

Zu den Christusmonogrammen gehört ferner die Inschrift am Kreuz, die die Juden bei der Hinrichtung Jesu angebracht haben. Zum Ärgernis der Juden wurde Christus als ihr König bezeichnet, und die Bitte, diese Inschrift abzunehmen, wurde von Pilatus nicht erfüllt.

$$I N R I$$

Als Erkennungszeichen der ersten Christen und als Symbol ihrer Zugehörigkeit zu Christus wurden die griechischen Anfangsbuchstaben für Jesus – Christus – Gottes Sohn – Erlöser zum Wort ICHTYS = FISCH zusammengefügt. Die griechische Schreibweise ergibt das folgendes Monogramm:

$$I X \Xi Y \Sigma$$

Das Wort ICHTYS hat noch eine weitere Deutung in der Anwendung auf die Taufe erfahren. Die frühe Taufpraxis bestand im Untertauchen, und so konnten die Taufbewerber den im Wasser schwimmenden Fisch als ihr Symbol erkennen. Der Fischer ist der Taufende, und die Fische sind die Täuflinge. Tertullian schreibt: *„Wir aber werden nach der Ähnlichkeit unseres Ichtys (Fisch) Jesus Christus im Wasser geboren, und nur durch Verharren im Wasser finden wir Heil."*

Schließlich ist auf das Monogramm A Ω hinzuweisen: Christus ist Anfang und Ende, wie es in der Offenbarung des Johannes heißt. (Vgl. Offb 1,8; 4,8; 21,6; 22,13)

In einer persönlichen Meditation können die einzelnen über ihr Christusmonogramm nachdenken und dazu ihren Taufnamen in Beziehung setzen. Ist der Taufname eine spezielle Aussage über meine Christusnachfolge?

6 Literatur- und Bildnachweis

6.1 Anmerkungen

1 Vgl. G. Vogler, J. Sudbrack, E. Kohlhaas, Tanz und Sprirualität, Grünewald Verlag Mainz 1995, Seite 151f

Hinweis: Im Jahr 1993 wurde von der Liturgiekommission der Deutschen Bischofskonferenz ein Arbeitskreis „Bewegung in der Liturgie" errichtet. Die Geschäftsführung obliegt dem Deutschen Liturgischen Institut, Postfach 2628, 54216 Trier. Geplant sind die Erarbeitung von Richtlinien sowie die Durchführung eines Symposions

Im Jahre 1994 wurde eine theologische Zeitschrift begründet mit dem Titel: choreae – Zeitschrift für Tanz, Bewegung und Leiblichkeit in Liturgie und Spiritualität. CHOROS Verlag GmbH, Postfach 1166, D-47865 Wittlich

2 Vgl. M. Niggemeyer, Gespräche am Brunnen, Düsseldorf 1994, S. 167f – mit entsprechender Änderung „Schwestern und Brüder"; dort auch Hinweise zur Zeichenhandlung

3 Aus: Gesänge aus Taizé, Herder-Verlag, Freiburg 1993, Nr. 13

4 Zitiert nach: Gebete der ersten Christen. Hrsg. von A. Hamman, Düsseldorf 1963, S. 390

5 Zitiert nach H. – J. Schulz, In deinem Lichte schauen wir das Licht..., Mainz 1980, S. 47, Anm. 11

6 Übersetzung nach A. Gautier Hamman, Das Gebet in der Alten Kirche. Traditio christiana VII, Bern 1989, S. 164

7 Zitiert nach H. -J. Schulz, aaO. S. 11

8 Zitiert nach: Die Feier des Gottesdienstes. Gestalt und Gestaltung. Liturgische und musikalische Hilfen. Herausgegeben vom Amt für Kirchenmusik im Ordinariat des Erzbistums München und Freising – Heft 2: Die Feier der Stundenliturgie in der Gemeinde. Hinweise und Materialien für Vesper und Laudes von M. Eham, München 1992, S. 15

9 Zitiert nach M. Eham, aaO. S. 18

10 Zitiert nach M. Eham, aaO. S. 17: Gebet zum Anzünden der Lampen aus der armenischen Liturgie

11 Aus: Psalmen vom Expressionismus bis zur Gegenwart, hrsg. von P. K. Kurz, Freiburg 1978, Seite 167

12 Vgl. G. Vogler, J. Sudbrack, E. Kohlhaas, Tanz und Spiritualität, Mainz 1995, Seite 99f

13 Aus: Ihr seid meine Lieder, Peter Janssens Musikverlag, Telgte

14 Aus: Gemeinsame Gebete 1, Texte und Gesänge, Taizé. Christophorus Verlag, Freiburg 1989, S. 37, Nr. 39

15 Editions Musicales du Levain. Im Liedheft des Katholikentages Dresden 1994, Nr. 190

16 Aus: A. Höfer, Kantorenheft. Katholisches Schulkommissariat in Bayern (Hrsg), Schrammerstraße 3, 80333 München, Seite 70, Nr. 136

17 Rechte beim Komponisten

18 Zitiert nach: Augustinus Confessiones. Bekenntnisse. Lateinisch und Deutsch. Eingeleitet, übersetzt und erläutert von Joseph Bernhart, München 1955, S. 449

6.2 Benutzte Literatur

O. Cullmann, Urchristentum und Gottesdienst, Zürich 1962

H. Becker – R. Kaczynski, Hrsg., Liturgie und Dichtung. Ein interdisziziplinäres Kompendium, Band I und II. St. Ottilien 1993. Reihe: PIETAS LITURGICA – Interdisziplinäre Beiträge zur Liturgiewissenschaft, hrsg. von H. Becker

F.-J. Dölger, Antike und Christentum, Band V, Münster 1936

F.-J. Dölger, Der heilige Fisch in den antiken Religionen und im Christentum – Textband und Tafeln, Münster 1922

F.-J. Dölger, Sol salutis, Münster 1925

D. Forstner, Die Welt der Symbole, Innsbruck 1961

A. Gautier Hamman, Das Gebet in der Alten Kirche. Reihe Traditio christiana, Bern 1989

J. Gnilka , Johannesevangelium. Neue Echterbibel, Würzburg 1983

A. Hamman, Gebete der ersten Christen, Düsseldorf 1963

L. Heiser, Die Taufe in der orthodoxen Kirche, Trier 1987

M. Kehl, Wohin geht die Kirche? Zur strukturellen Veränderung der Kirche in Deutschland, in: Stimmen der Zeit 3/1995, S. 147-159

F. Mossler, Die Überschaubarkeit der Meßfeier, Glaukos Verlag Dr. Peter Jentzmik, Frankfurter Straße 77, 65549 Limburg a.d. Lahn o.J.

H. Rahner, Griechische Mythen in christlicher Deutung, Herder Spektrum Nr. 4152, Freiburg 1992

G. Schiller, Ikonographie der christlichen Kunst, Band 3: Die Auferstehung und Erhöhung Christi, Gütersloh 1986

H.-J. Schulz, In deinem Lichte schauen wir das Licht..., Mainz 1980

J. Tyciak, Theologie in Hymnen, Reihe SOPHIA, Trier 1979

G. Vogler, J. Sudbrack, E. Kohlhaas, Tanz und Spiritualität, Mainz 1995

II Ostern und Osteroktav

(Werner Thissen, Franz-Peter Tebartz-van Elst, Margarete Niggemeyer)

1 Pastorale Ausgangssituation

Auch wenn in liturgietheologischer Hinsicht Ostern der Kern und Höhepunkt des Kirchenjahres ist, wird die tatsächliche Lebenssituation einer Gemeinde an diesem Hochfest seit einigen Jahren zunehmend davon bestimmt, daß engagierte Gemeindemitglieder verreist sind. Die pastorale Ausgangssituation ist deshalb vielerorts davon geprägt, daß Ostern im Bewußtsein nicht den eindeutigen Stellenwert hat, den etwa Weihnachten in unserer Gesellschaft beanspruchen kann. Einige freie Tage zu haben, die zu einem Kurzurlaub einladen, führt dazu, daß Ostern in den Sog einer äußeren Mobilität gerät, was auf die Dauer zu einer inneren Verflachung dieses zentralen Festgeheimnisses im Leben einer Gemeinde führen kann. Auf der anderen Seite mehrt sich die Zahl der Christen, die in ausdrücklicherer Weise der Osterfeier in ihrem Leben Raum und Zeit geben wollen als das u.U. in ihrer Heimatgemeinde möglich ist und deshalb gerne Einladungen und Angebote von Bildungshäusern oder klösterlichen bzw. geistlichen Gemeinschaften annehmen. Der Gefahr, daß die Feier von Ostern bei solchen auseinanderstrebenden Entwicklungen in der Gemeinde ausgehöhlt wird, läßt sich nur dadurch entgegenwirken, daß Verkündigung und Liturgie eine gleichermaßen herausragende wie einladende Gestaltung erfahren, die eine neue Sammlung von Christen an diesen Feiern anstrebt. Ein bewußtes Zugehen auf dieses Fest während der österlichen Bußzeit und des österlichen Triduums mit einer gleichzeitig breit angelegten Vorbereitung schafft eine erste notwendige Aufmerksamkeit für Ostern. Dabei kommt es darauf an, daß möglichst viele Gemeindemitglieder ihren Charismen und Interessen entsprechend einbezogen werden, die Daheimgebliebenen, für die die Mitfeier dieses Festes zur Routine geworden ist, neu aufgeschlossen werden und jene zurückgewonnen werden können, die inzwischen nach anderen österlichen ‚Erlebnissen' Ausschau halten.

In einer Erlebnisgesellschaft gibt es – wenn auch bisher wenig reflektiert – einen Erwartungsdruck im Bereich von Verkündigung und Liturgie, der Wort und Feier nach ihrem Erlebniswert bemißt. So kritisch eine solche Sogwirkung beurteilt werden muß, wo sie zu einem liturgischen Aktionismus führt, so berechtigt ist das Anliegen, daß z.B. die Mitfeier von Ostern Erfahrungen im Mitfeiernden und untereinander freisetzen sollte.

Damit Worte und Zeichen aber zu Erfahrungen werden können, bedarf es der Wiederholung. Hier kommt es in der Welt des christlich ausgedrückten und gefeierten Glaubens zu einem fundamentalen, inzwischen sogar prophetischen Widerspruch zu Erlebnis- und Unterhaltungswelten, die in der Wiederholung Langeweile oder Abnutzung aufkommen sehen. Auch deswegen darf die Feier von Ostern nicht auf einen Tag beschränkt werden. Die Ausdehnung dieses Festes auf eine ganze Woche (Osteroktav) und auf die fünfzigtägige Osterzeit läßt gerade in den wiederholenden Elementen der Liturgie und den z.T. wiederkehrenden Schriftperikopen (wie z.B. das Emmausevangelium) erahnen, daß es Zeit braucht, die eigene österliche Taufidentität zu begreifen und zu vertiefen.

Die folgenden Impulse für die Gestaltung der Verkündigung und Liturgie am Osterfest und in der Osteroktav wollen zentrale Zeichen der österlichen Liturgie (bes. Osterkerze und Taufbrunnen) symboldidaktisch erschließen. Sie können helfen, von Ostern her Gemeinden wieder mit der Praxis eines Lucernariums vertraut zu machen und das sonntägliche Taufgedächtnis wieder von Ostern her in die Liturgie hineinzuholen. Ihre bewußtseinsbildende und identitätsstiftende Wirkung bekommen diese österlichen Symbole aber erst dadurch, daß sie mit Worten und Glaubenserfahrungen der Schrift gefüllt werden. Eine jeweilige biblische Orientierung auf dem Hintergrund dieser grundsätzlichen pastoralen Voraussetzungsklärung ist deshalb notwendig, damit es nicht zu einem oberflächlichlichen, mehrdeutigen bzw. diffusen Symbolismus kommt.

2 Osternacht und Ostertag

(Franz-Peter Tebartz-van Elst)

Es ist die Feier der Osternacht, von der im ureigenen Sinn des Wortes Licht auf den Ostertag und auf jeden Sonntag fällt. Wieder anders als an Weihnachten, wo das Festgeheimnis in der Mette der Nacht, im Hirtenamt am frühen Morgen und in der Eucharistiefeier am Tag unter jeweils spezifischen Aspekten betrachtet wird, hat der Ostertag nur ein liturgisches ‚Formular‘, das in seinen Orationen noch einmal vergegenwärtigt, was in der Feierdynamik der Nacht begangen wurde: *„Allmächtiger, ewiger Gott, am heutigen Tag hast du durch deinen Sohn den Tod besiegt und uns den Zugang zum ewigen Leben erschlossen"* (Oration vom Ostertag). Ausgefächerter dagegen ist die Perikopenordnung, die für den Ostertag wieder andere Schrifttexte als in der Nacht bereithält. In seiner liturgischen Symbolgestalt lebt der Gottesdienst am Ostertag von den Zeichenhandlungen der Osternacht. Das Tageslicht selbst wird zum Symbol für das, was das Licht der Osterkerze in der Nacht bereits gedeutet hat. Nach solchen verbindenden Symbolen zwischen Nacht und Tag zu suchen, die in der Liturgie nicht einfach zur Wiederholung werden, sondern weiterführen und vertiefen, wo diese Dynamik in der Verkündigung aufgegriffen wird, wäre Mystagogie ganz im Sinne der frühkirchlichen Praxis. Die primäre Wiederaufnahme und Vertiefung der österlichen Erfahrung, wie sie in der Osternacht gefeiert wurde, ist das österliche Mahl – die Eucharistiefeier – am Ostertag, in der Osteroktav, in der Osterzeit und letztlich das ganze Kirchenjahr über. Daneben trägt kaum ein anderes Symbol der Osternachtliturgie die Erfahrung dieser Nacht so sehr in den Ostertag, das ganze Kirchenjahr und unterschiedliche Situationen des menschlichen Lebens hinein wie die Osterkerze. Ihre Zeichenhaftigkeit in der Verkündigung so zu erschließen, ist ein wesentlicher Beitrag zur Entwicklung einer mystagogischen Taufpastoral insgesamt. Überall, wo das Symbol des Osterlichtes in den Blick kommt, beim Osterfeuer am Abend des Ostertages, in den Tauf-, Erstkommunion- und Brautkerzen sowie den dazugehörigen lebensgeschichtlichen Situationen und nicht zuletzt dort, wo die Osterkerze neben dem Sarg eines Verstorbenen österliches Leben aus der Taufe über den Tod hinaus ankündigt, setzt es Erinnerung frei, die das Innere eines Menschen so ausleuchtet, daß es nach außen scheint. Eine solche mystagogische Erschließung österlicher Symbolik muß in der Schrift grundgelegt sein.

2.1 Biblische Orientierung

Schriftperikope: Offb 21, 1-6

Die Auswahl dieser Schriftverse bezieht sich auf die Alpha und Omega-Symbolik der Osterkerze und strebt eine Deutung dieser Thematik im österlichen Horizont an. Die Schriftperikope Offb 21,1-6 steht im größeren Kontext der Ankündigung der Gottesherrschaft, die sich für die österliche Gemeinde erfüllt. Den Christen, die in den Bedrängnissen einer krisengeschüttelten Welt leben, soll die unzerstörbare Lebensgemeinschaft mit Jesus Christus so bewußt vor Augen geführt werden, daß sie darin Orientierung finden und ihren weiteren Weg ausgeleuchtet wissen. Die apokalyptische Sprache will hier nicht kosmisch-räumliche Ereignisse in zeitlicher Abfolge schildern, sondern theologische Aussagen machen. Das liebende Kommen Gottes in den Lebensbereich des Menschen hinein (Vgl. VV. 2-4) wird als das höchste Geschenk der Vollendung begriffen, die nur Gott schenken kann. Dadurch daß hier alttestamentliche Prophetien über die messianisch erlöste Welt christologisch gedeutet werden, bekommt die Heilsverheißung universale Züge. Die christliche Heilsgemeinde kennt keine nationalen Grenzen! Das österliche Licht leuchtet allen! Die Ankündigung in V. 5 *„Seht, ich mache alles neu!"* macht gerade durch die Formulierung des Präsens der bedrängten Gemeinde deutlich, daß sich das Ereignis von Ostern im göttlichen Geschichtshandeln durchsetzt. Ostern hat schon in der Gegenwart der christlichen Gemeinde und in den spezifischen Lebenszeiten eines jeden Getauften seine Wirkung. Die Redewendung „Alpha und Omega" (Anfang und Ende des griechsichen Alphabetes) (Vgl. V. 6) kennzeichnet Gott als denjenigen, dessen Macht die gesamte Wirklichkeit umgreift. Das anschließende Bild vom Dürstenden (V. 6; Vgl. i.d.Zshg. Jes 55,1 u. Joh 4,10-15; Joh 7,37f) will theologisch bewußt machen, daß die göttliche Lebenskraft dem Getauften ‚umsonst' geschenkt ist und daß sie aus dem

Heilswerk Jesu Christi stammt. Der Christ hält immer Ausschau nach diesem Leben, das ihm geschenkt ist, das er aber nur als ihn prägende Wirklichkeit erfährt, wo er bekennend darin einstimmt. In diesem Zusammenhang erfährt die Perikope, bes. der V. 6 gerade durch die Liturgie seine tiefere Interpretation. „*Wer durstig ist, den werde ich umsonst aus der Quelle trinken lassen, aus der das Wasser des Lebens strömt*" verweist auf die Taufe und bindet die Symbolik von Osterkerze und Taufbrunnen zusammen. In diesem biblischen Horizont die Osterkerze ‚von der Osternacht in den Ostertag und darüber hinaus in das Kirchenjahr und Leben hinein' zu erschließen, würde die Osterkerze und ihren Gebrauch für den gemeindlichen wie familiären Kontext mystagogisch erschließen. Das folgende homiletische Beispiel leistet diesen Schritt. Die Osterkerze wird auf dem erläuterten biblischen Hintergrund in Verkündigung und Liturgie so zu einem eindeutig sprechenden Zeichen für Ostern und seine Wirkung.

2.2 Homiletische Erschließung (Werner Thissen)

(1) Dieser Abend ist anders als alle anderen. An diesem Abend geht die Sonne auf, nicht unter. „Diese Nacht leuchtet wie der Tag", wird jetzt in der Kirche gesungen. – „Hör auf damit", denken Sie vielleicht. „Draußen ist es dunkel und in mir wird es auch nicht hell." – Und wenn es doch hell werden könnte, hell durch die Botschaft der Auferstehung? Hell durch die Tatsache, daß Ostern ist, daß Jesus lebt und sein Leben mitteilen will? – „Die Botschaft hör ich wohl, allein, mir fehlt der Glaube." Die Antwort in Goethes „Faust" wird auch heute manchem auf der Zunge liegen.

(2) Wir schauen auf die Osterkerze, wie sie überall in dieser Nacht am Osterfeuer angezündet wird. Sie ist Zeichen für Christus, den Auferstandenen. Auf der Osterkerze stehen ein Alpha und ein Omega, der erste und der letzte Buchstabe des griechischen Alphabetes. Sie erinnern an das Jesuswort: „*Ich bin der Anfang und das Ende (Offb 21,6).*" Ja, Jesus ist Anfang und Ende meines Denkens und Redens. Er steht am Anfang und am Ende meines Lebens. Er umfaßt mich ganz. Er gibt meinem Leben Sinn.

(3) Zwischen Alpha und Omega das Kreuz mit der Jahreszahl 19.. . Das Kreuz, an dem Jesus starb, gehört zu unserer Geschichte, Ort und Zeit lassen sich historisch einordnen. Aber das Kreuz ist nicht nur Vergangenheit. Im Kreuz ist auch 19.. Heil und Leben. Am Ende der Kreuzesbalken und in der Mitte befinden sich fünf rote Wachsnägel. Sie sind Zeichen der Wunden des Gekreuzigten, Siegeszeichen. Sie deuten hin auf eine Wandlung. Das Todeszeichen des Kreuzes ist zum Lebenszeichen geworden. Der Gekreuzigte ist der von den Toten Auferstandene. Sein Wort: „Ich lebe, und auch du sollst leben" (Joh 14,19), gilt auch für mich.

(4) Die Symbole der Osterkerze können mir etwas nahe bringen, was ich nicht beweisen kann und was dennoch Wirklichkeit ist: Die Freude ist stär-

ker als Trauer und Traurigkeit, die Hoffnung stärker als Zweifel und Ver-
zweiflung, das Licht stärker als das Dunkel, das Leben stärker als der Tod.
(5) Was kann ich tun, um das zu erfahren? Meiner Sehnsucht nach Leben
freien Lauf lassen. Meine Dunkelheit und das Dunkel dieser Welt in das
Licht der Osterbotschaft stellen. Meine Gedanken und Empfindungen dem
auferstandenen Christus sagen. Und wenn es nur das Stammeln ist: „Herr
ich glaube, hilf meinem Unglauben."
(6) Und dann? Dann kann ein Funke des Osterlichtes auf mich überspringen. Denn Christus ist auferstanden, er ist wahrhaft auferstanden!

2.3 Liturgische Ausgestaltung

Wohl keine Symbolhandlung der Liturgie des Kirchenjahres ist so einpräg-
sam wie das Hereintragen des österlichen Lichtes in das Dunkel des
Kirchenraumes und die Verteilung des Lichtes von der Osterkerze unter den
Gläubigen. Wenn vom ersten „Lumen Christi" an das Licht die Runde
macht und schließlich das Exultet als Lobgesang auf die Osterkerze als
Symbol für den Auferstandenen erklingt, ist der ganze Kirchenraum in eine
geheimnisvolle Helligkeit von Kerzenschein getaucht, die zum Bild wird für
das, was der österliche Glaube in den Getauften im Dunkel dieser Welt vermag. Dieser Lichtritus, das Lucernarium, ist in seiner Symbolkraft so
gewaltig, daß er in dieser einen Feier kaum ausgeschöpft werden kann. Wie
bereits mehrfach erwähnt, hat aber jeder Sonntag des Kirchenjahres sein
Licht und seine Deutung von Ostern her. Den Herrentag so zu beginnen, wie
es in der Liturgie der Ostervigil geschieht, entspricht ganz der jüdisch-
christlichen Tradition, den Tag mit dem Vorabend zu eröffnen. Die Feier der
ersten Vesper vom Sonntag am Samstagabend macht das konkret. Damit
liegt es auch nahe, einen solchen Wortgottesdienst mit einem ausgedehnten
Lucernarium zu beginnen. Wo derzeit aufgrund des zunehmenden Priester-
mangels in kleineren Dorfgemeinden am Sonntag keine eigene Eucharistiefeier stattfinden kann, empfiehlt es sich besonders, daß die Gemeinde sich
am Samstagabend in ihrem Gotteshaus versammelt, um mit einer ausgedehnten Lichtfeier, entsprechenden Schrift- und Väterlesungen aber auch
mit Texten und Glaubenszeugnissen unserer Tage den Herrentag zu beginnen. Die Wiederbelebung von Vigilgottesdiensten zum Herrentag scheint
ferner besonders auf der überpfarrlichen Ebene von größeren Städten angebracht. Christen zu sammeln, die bewußt den Sonntag mit dem Gedächtnis
ihrer Taufe und der Erinnerung an Ostern begehen wollen, macht diese
Liturgie zu einem Glaubenszeugnis in säkularisierter Welt nach innen wie
nach außen. Wo solche Vigilfeiern auch inhaltlich auf die Eucharistiefeier
am Sonntag als das fundamentale Wesensmerkmal des Herrentages ausgerichtet sind, dienen sie gerade einer bewußten Einstimmung auf das österliche Mahl und erliegen damit nicht der Gefahr, im Bewußtsein der Christen
einfach zu Ersatzgottesdiensten für die sonntägliche Eucharistie zu werden.

Für die konkrete Gestaltung solcher Vigilien bietet es sich u.U. an, daß die Teilnehmer ihre Hausosterkerzen aus der Osternacht bzw. ihre Taufkerzen mitbringen, um sie in diesen Feiern wieder an der Osterkerze anzuzünden. (Zur theologiegeschichtlichen Vergegenwärtigung von Lichtfeier und Lichtdanksagung vgl. auch: Guido Fuchs/Hans Martin Weikmann, Das Exultet. Geschichte, Theologie und Gestaltung der österlichen Lichtdanksagung, Regensburg 1992, 21-25)

Ausgehend von ausgewählten neutestamentlichen Schriftperikopen lassen sich Lichtsprüche formulieren, die das Anzünden der Osterkerze begleiten. Die folgenden Rahmenbeispiele wollen dazu ermutigen, die aufgeführten Bibelverse zu Deuteworten im Blick auf die Feier des Herrentages werden zu lassen.

Mt 4,16
Im Blick auf Jesus verkündet der Evangelist Matthäus: *„Das Volk, das im Dunkel lebte, hat ein helles Licht gesehen; denen die im Schatten des Todes wohnten, ist ein Licht erschienen."*
Dieses österliche Licht, unser Herr Jesus Christus, erleuchte diesen Tag und alle die ihn feiern!
(Es folgt das Anzünden der Osterkerze bzw. einer Sonntagskerze)

(Mt 5,14; Lk 2,32; Lk 11,34; Joh 1,4; Joh 1,5; Joh 1,9; Joh 3,21; Joh 8,12; Joh 12,35; Joh 12,36; Joh 12,46; Apg 26,18; Röm 13,12; 2 Kor 4,6; Eph 5,8-9; Eph 5,14; Kol 1,12; 1 Thess 5,5; 1 Tim 6,16; 2 Tim 1,10; Jak 1,17; 1Petr 2,9; 1 Joh 1,5; 1 Joh 1,7; 1 Joh 2,8-9; 1 Joh 2,10; Offb 18,23; Offb 21,24)

Offb 22,5
Von der neuen Welt Gottes sagt die Schrift: *„Es wird keine Nacht mehr geben und sie brauchen weder das Licht einer Lampe noch das Licht der Sonne. Denn der Herr, ihr Gott, wird über ihnen leuchten und sie werden herrschen in Ewigkeit."* Dieses österliche Licht leuchtet schon in unsere Tage hinein. Es erhelle unseren Sonntag, an dem wir feiern, worauf wir zugehen.
Außerdem bietet es sich an, aus den Schriftperikopen des jeweiligen Sonntags zentrale Verse auszuwählen und sie zu Deuteworten auszugestalten, die das Anzünden der Osterkerze oder einer Sonntagskerze begleiten.
Im Anschluß an einen solchen Lichtspruch läßt sich im Blick auf die Osterkerze der Sonntag ‚begrüßen‘. Ein geeignetes Beispiel für das Lob auf den Herrentag im Sinne einer österlichen Mystagogie hat A. Heinz aus der maronitischen Liturgie bekannt gemacht. (Vgl. A. Heinz, Lob des Sonntags, in gd 27 (1993), 123).

In einem Vigilgottesdienst zum Sonntag wäre dieser Gesang dem Exultet in der Osternacht vergleichbar. Entsprechend singt der Diakon (ggf. der Vorsteher oder ein Kantor) mit dem Blick auf die Osterkerze:

„Laßt uns alle aufstehen zum Gebet vor dem barmherzigen Gott
und alle Lieder singen, die dem Herrn gefallen.
Am Sonntag schuf Gott Himmel und Erde
und verbannte die Finsternis von ihrem Angesicht.
Am Sonntag ist unser Herr vom Tod erstanden
und hat unser Menschengeschlecht aus der Knechtschaft Satans befreit.
Am Sonntag hat der Herr in seiner Auferstehung
die Bewohner von Himmel und Erde versöhnt
und zur Einheit verbunden.
Am Sonntag kam der Heilige Geist über die heiligen Jünger herab
und enthüllte ihnen alle Mysterien.
Erbarme dich deines Volkes, Herr,
und hab Mitleid mit deiner Herde,
auf das wir dir Loblieder weihen können,
Gott, dem Dreieinen.

An diesem Sonntag freuen sich die Engel im Himmel
und das Volk Gottes auf Erden;
sie vereinen ihre Stimmen und preisen zusammen den Herrn.
Gesegnet, wer den Sonntag hält.
An diesem Tag wird das Opfer dargebracht
an den vier Enden der Erde.
Der Sonntag ist eine Krone, schön geschmückt.
An diesem Tag empfangen die Kinder der Kirche die Segnungen ihres Herrn.
Am Sonntag danken wir, beten an und verherrlichen wir den,
der uns seinen heiligen Leib gab zur Vergebung unserer Sünden.

Am Sonntag scheint die Sonne hoch am Himmel.
Ihr Licht vertreibt die Finsternis,
und alle Geschöpfe freuen sich.
Am Sonntag löst sich auf das Dunkel der Unwissenheit
in dem Licht, das aus dem Grab erstrahlte;
und es jubelt das ganze Weltall.
Der Sonntag ist der Tag des Herrn
und eine Feier für den Gottessohn:
Christus hat alles Volk gerettet,
und Himmel und Erde freuen sich.

Wehe dem, der nachlässig ist
und den großen Tag, den Sonntag, nicht hält!
Wie soll der Herr einen solchen erkennen
am großen Tag des Gerichtes?
Ehre dem Gottessohn!
Durch seine Auferstehung hat er den Sonntag über alle Tage erhöht
an den vier Enden der Erde. Amen."

Folgende Lieder können während der Illumination der Kerzen von der Osterkerze aus gesungen werden:

– GL 208,1-3:   „O Licht der wunderbaren Nacht"
– GL 554,1.3.4.7:   „Wie schön leuchtet der Morgenstern"
– GL 555,1-6:   „Morgenstern der finstern Nacht"
– GL 557,1-5:   „Du höchstes Licht, du ewiger Schein"
– GL 558,1.2.4.5.6.7: „Ich will dich lieben meine Stärke"
– GL 616,1.2:   „Mir nach", spricht Christus, unser Held"
– GL 905,.1.2:   „Dein Tag, Herr Christ, wirft seinen Schein"
                     (Diözesananhang Münster)

Schrifttexte zur Sonntagsvigil

Psalmen und Schriftlesungen können der Lesehore des jeweiligen Sonntags aus dem entsprechenden Band des Stundengebetes entnommen werden. Außerdem bietet die Reihe „Fontes Christiani" (hg. v. N. Brox u.a. Freiburg 1992 ff) eine breite Auswahl an Väterlesungen. Aus diesen Bänden bieten sich besonders die mystagogischen Katechesen des Cyrill von Jerusalem bzw. die Taufkatechesen des Johannes Chrysostomos an. Eine Ergänzung durch zeitgenössssische religiöse Betrachtungstexte bzw. zur Vertiefung der verkündeten und ausgelegten Schrift- und Väterworte ist u.a. in folgenden Werken zu finden:

Fietzek, Petra (Hg.), Dich kennen Unbekannter?, Mainz 1992.
Anton Rotzetter, Gott der mich atmen läßt, Freiburg 1985.
Silja Walter, Kommunionpsalter. Für alle Sonn- und Festtage im Kirchenjahr. (bes. geeignet im Blick auf die Vorbereitung bzw. Einstimmung solcher Vigilgottesdienste auf die sonntägliche Eucharistie)

Alfred Delp, Hochfeste der Christen, Frankfurt 1985.
Alfred Delp, Der Mensch im Advent, Frankfurt 1984.
Gisbert Greshake /Josef Weismayer, Quellen geistlichen Lebens. Die Gegenwart, Mainz 1993.
Karl Rahner, Gebete des Lebens, Freiburg 1984.
Karl Rahner, Kleines Kirchenjahr, Freiburg 1981.

Zur Vorbereitung auf das Taufgedächtnis in der Osternacht und besonders zu einer mystagogischen Vertiefung in der Osteroktav, während der Osterzeit und auch an den Sonntagen im Jahreskreis bieten sich die folgenden weiterführenden Gestaltungselemente an:

3 Vorbereitung der Tauferneuerung in der Osternacht durch einen Besinnungstag *(Margarete Niggemeyer)*

3.1 Intention

Die Tauferneuerung in der Osternacht folgt dem dialogischen Ritus der Taufspendung. In der Regel ist wenig Zeit, sie ausführlich zu gestalten, weil der Fortgang der Liturgie es nicht erlaubt. Der nachfolgende Vorschlag will anregen, sich in den Wochen vor Ostern persönlich auf die Tauferneuerung vorzubereiten.

3.2 Ausgangspunkte

Vgl. die Liturgie des 4. Sonntags in der Österlichen Bußzeit, die durch die Perikope von der Blindenheilung die Kernbotschaft „Licht und Leben" erschließt. Das altchristliche Monogramm

$$\begin{array}{c} \Phi \\ Z \quad \Omega \quad H \\ \Sigma \end{array}$$

ist der Ausgangspunkt, noch weitere Christusmonogramme zu lesen, zu deuten, zu meditieren und sie als persönliches Taufbekenntnis auszugestalten.

Ein zweiter Anknüpfungspunkt ist eine Tradition, die in Mailand bis zum 11. Jahrhundert bestand. Den Katechumenen wurde das Christuszeichen mit A und Ω in feierlicher Weise gezeigt. Die erklärenden Worte, die diesen Akt begleiteten, sind in einer Schrift aus dem Jahre 1100 aufgezeichnet. Dort heißt es: *„Ihr, die Gott, der von Anbeginn alles vorhersieht, in einer Güte nach seinem Bild und Gleichnis erschaffen hat, vernehmt mit dem Herzen und mit den Ohren der Seele, was dieses Zeichen A und Ω bedeutet. Indem ihr es schaut, glaubt an den Ersten und Letzten, den Schöpfer des Himmels und der Erde, den Urheber alles Geschaffenen. Höret mit Verständnis, was Isaias, vom Geiste Gottes erfüllt, über ihn sagt: ‚Vor mir ist kein Gott geschaffen und nach mir wird keiner sein. Ich bin allein der Herr, außer mir ist kein Helfer ... Ich feg' deine Frevel wie Wolken hinweg, deine Sünden wie leichtes Gewölk ... Ich bin es, ich, der deine Schuld um meinetwillen tilgt, deiner Sünden nicht mehr gedenkt'* (Is 43,1.11.25)" (aus: Dorothea Forstner, Die Welt der Symbole, Innsbruck 1961, S. 42).

Ein sehr altes Christusmonogramm ist das folgende, das sowohl in einfacher, waagerechter Schreibweise als auch in Kreuzesform vorkommt.

$$\begin{array}{c} I \\ X \\ I\ X\ \Xi\ Y\ \Sigma \\ Y \\ \Sigma \end{array}$$

Die Übersetzung dieses Christusmonogramms ergibt sich, wenn die einzelnen Buchstaben untereinandergereiht und die jeweiligen Anfangsbuchstaben der Christusnamen zusammengesetzt werden. Das griechische Wort lautet übersetzt: FISCH.

I	H Σ O Y Σ	Jesus
X	P I Σ T O Σ	Christus
Ξ	E O Σ	Gott(es)
Y	I O Σ	Sohn
Σ	O T E P	Erlöser

Weil die Zusammensetzung der griechischen Anfangsbuchstaben das Wort FISCH ergibt, wurde FISCH zum Symbol für Christus, auch in bildlicher Darstellung. Die Christen brachten den Fisch als „Phylakterion" (= Schutzzeichen/Amulett) an ihren Türpfosten an, ritzten es auf Grabsteine oder trugen es auf einem Amulett um den Hals. Das in Kreuzesform geschriebene Wort verstärkt die Aussagekraft dieses Symbols, weil auf den Tod Jesu am Kreuz verwiesen wird.

Eine Variation zum ICHTYS-Symbol ist die Hinzufügung von ZΩNTΩN (auch mit ω geschrieben) = lebenspendend, wie Grabinschriften bezeugen.

Die Amias-Grabinschrift, Museo Kircheriano, Rom

Die Grundform aller Christusmonogramme ist die Chi-Rho-Form in griechischer Schreibweise XP = Anfangsbuchstaben des Namens 'Christos'. Es gilt als das Siegeszeichen, das Kaiser Konstantin erschienen ist. Manchmal wird noch ein Querbalken eingefügt, um das Kreuz anzudeuten:

Eine vereinfachte Form davon ist die „crux monogrammatica", das Staurogramm:

Christusmomogramm aus dem Bodenmosaik der byzantinischen Basilika in Jerusalem

Interessant ist das sternförmige Monogramm, das auf den ersten Blick kaum als Christusmonogramm entziffert wird. Es entsteht aus dem griechischen X (für Christos) und dem senkrecht eingefügten griechischen I (als Anfangsbuchstabe von Jesus):

Eine weitere Form sind die beiden Buchstaben I und H, die Anfangsbuchstaben (gr.) von Jesus. Später wurde noch der Buchstabe Σ angefügt, so daß dieses Monogramm dann als I H Σ in griechischer Form und als I H S in lateinischer Schreibweise als Christusmonogramm gebraucht wurde.

3.3 Bausteine

3.3.1 Einstieg: Mein Name
Die TN sammeln sich und kommen zur Ruhe. Wenn es der Raum erlaubt, sitzen sie möglichst weit voneinander entfernt, so daß sie sich nicht wahrnehmen (Meditationshocker). Bei geschlossenen Augen folgen sie den Worten, die als Anregung vorgesprochen werden.
– Ich schaue meinen Namen auf einer großen Leinwand geschrieben.
– Ich lese ihn, achte auf die Schriftzeichen und schaue zu, wie mein Name im Schreiben entsteht.
– Gefällt mir der Schriftzug meines Namens?
– Möchte ich ihn anders schreiben?
– Mag ich meinen Namen gern?

– Hätte ich mir einen anderen Namen ausgesucht, wenn ich darüber entscheiden könnte? Warum?
Die TN nehmen nach einer gewissen Zeit ein Blatt und schreiben darauf
ihren Namen so, wie sie ihn geschaut haben. Dabei kann meditative Musik
gespielt werden.
Nach der vereinbarten Zeit legen alle ihren Namen in die Mitte des Kreises.
In Stille schauen die einzelnen die Namenszüge der anderen an. Wenn sich
die Gruppe gut kennt, kann anschließend ein Erfahrungsaustausch stattfinden, evtl. durch folgende Gesprächsimpulse angeregt:
– Warum habe ich meinen Namen so gestaltet?
– Paßt der Namenszug zu dem / der jeweiligen TN?
– Drückt sich darin etwas Charakteristisches aus?
Abschließend wird der Vorschlag gemacht, für den eigenen Namen ein Kür-
zel zu entwerfen, ein Monogramm oder eine sonstige „Geheimschrift", die
als Symbol für den Namen steht. Diese Monogramme / Kürzel können
anschließend „erraten" und gedeutet werden.

3.3.2 Monogramme des Glaubens

In die Mitte des Raumes werden die verschiedenen Christusmonogramme
gelegt, mit der entsprechenden Übersetzung aus dem Griechischen. Die
Fremdsprache dürfte kein Hindernis sein, sich auf diese Namen einzulassen.
(Auch sonst werden gern fremdsprachige Ausdrücke gelernt, um „in" zu
sein.)
– Nachdem die Monogramme „gelesen" wurden, kann ein Gespräch stattfinden, in dem die verschiedenen Namen für Jesus Christus gedeutet werden; evtl. auch nach ihrem biblischen Zusammenhang gesucht wird. Wenn
ein solcher nicht vorhanden ist (vgl. I X Ξ Y Σ, werden Erläuterungen
über die Herkunft aus der frühchristlichen Tradition gegeben.
– Bildnerisches Gestalten: Die TN suchen sich ein Christusmonogramm
aus und gestalten es (z.B wie ein Kirchenfenster) in einer frei gewählten
Farbtechnik. Anschließend werden die Bilder vorgestellt, evtl. zu einer
„Bilderwand" zusammengefügt.

3.3.3 Getauft auf den Namen Jesu

– Das Zeugnis der Schrift:
Apg 2,38: *„Petrus antwortete ihnen: Kehrt um, und jeder von euch lasse
sich auf den Namen Jesu Christi taufen zur Vergebung seiner Sünden;
dann werdet ihr die Gabe des Geistes empfangen."*
Apg 10,48a: *„Und er ordnete an, sie im Namen Jesu Christi zu taufen."*
Röm 6,3: *„Wißt ihr denn nicht, daß wir alle, die wir auf Christus Jesus
getauft wurden, auf seinen Tod getauft worden sind?"*
Gal 3,27: *„Denn ihr alle, die ihr auf Christus getauft seid, habt Christus
(als Gewand) angelegt."*

– Gespräch: Was bedeutet das, „auf den Namen einer Person / Jesus Christus" getauft zu werden? Gleichsam den eigenen Namen „abzugeben" und einen neuen Namen zu empfangen? (Vgl. die geänderte Praxis der Namensgebung bei der Eheschließung: Wie würde ich entscheiden?)
– Information über die Praxis, wie sie in der Mailänder Liturgie geübt wurde: Den Taufbewerbern wurde das Christusmonogramm A und Ω gezeigt und gedeutet. Ferner wird darauf verwiesen, daß die Christen vor allem das ICHTYS – Zeichen als Symbol für Christus gebraucht und es als „Phylakterion" auf ihre Türpfosten geschrieben oder als Amulett um den Hals getragen haben.

Christliches Phylakterion, Bibelinstitut, Rom

– Die TN haben Gelegenheit, ihr „Phylakterion" aus Ton zu gestalten. In der Osternacht kann dieses Zeichen gesegnet und bei der Tauferneuerung überreicht werden.

3.3.4 Lichtritus in der Osternacht und Deo-gratias-Lampen
Markus Eham schlägt zur Begrüßung des Lichtes den folgenden Ruf vor, der dreimal in jeweils höherer Tonlage anzustimmen ist. Die Gemeinde antwortet mit „Dank sei Gott!" (in: Die Feier des Gottesdienstes. Gestalt und Gestaltung. Liturgische und musikalische Hilfen. Hg. vom Amt für Kirchenmusik im Ordinariat des Erzbistums München und Freising, Heft 2: Die Feier der Stundenliturgie in der Gemeinde. Hinweis und Materialien für Versper und Laudes von M. Eham, München 1992, S. 8). Der Ruf: „Lumen Christi!" – „Deo gratias!" wird heute in der Osternacht beim Hereintragen der Osterkerze gesungen.

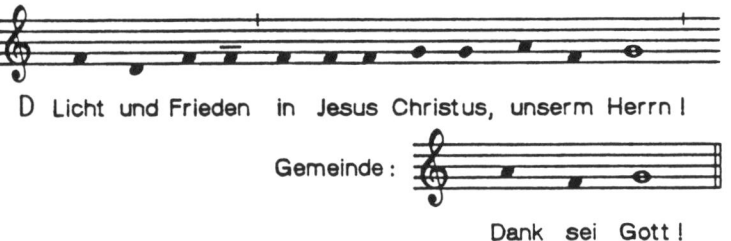

D Licht und Frieden in Jesus Christus, unserm Herrn !

Gemeinde :

Dank sei Gott !

Dieser Brauch des österlichen Lichtrufes ist der letzte Rest eines im christlichen Altertum weit verbreiteten Abendsegens, der mit einer Lichtdanksagung verbunden war. Auch außerhalb der Liturgie war dieser Ruf üblich. Dabei wurden Lampen angezündet, die drei Lichtquellen haben, die sogenannten Deo-gratias-Lampen, die bereits um das Jahr 400 in Gebrauch waren. Diese Lampen sind Zeugnisse einer altchristlichen Lichtdanksagung, die heute in dieser Form nur noch in der Osternacht als Begrüßung des neuen Lichtes geübt wird. Wird eine Lucernariumsvesper gefeiert, so kann statt der von M. Eham vorgeschlagenen Formel auch der alte Ruf „Lumen Christi!" gesungen werden. Wird in einem kleineren Kreis diese Abendliturgie gefeiert, könnte auch der Brauch der Deo-gratias-Lampen wieder belebt werden (Vgl. Franz-Joseph Dölger, Antike und Christentum, a.a.O. 31-43).

Informationen zu den Deo-gratias-Lampen

Das Hereinbringen des Lichtes, wie es heute in der Liturgie der Osternacht mit der Osterkerze geschieht, ist in der frühen Kirche ein weit verbreiteter Ritus gewesen, verbunden mit einer Lichtdanksagung. Die Formel LUMEN CHRISTI – DEO GRATIAS war auch außerhalb des Gottesdienstes üblich. Ein Zeugnis dafür sind die Deo-gratis-Lampen. Die aufgefunden Deo-gratias-Lampen haben folgende Maße: 22 cm breit zwischen den beiden äußeren Brennern; 18 cm Durchmesser der Zierscheibe; Gewicht aus Bronze 3 kg 165 gr. Das Eingußloch ist von einem muschelförmigen Deckel verschlossen. Eine Vorrichtung zum Aufhängen ist nicht vorhanden, so daß es sich um Standlampen handelt. Der Schmuck der Zierscheibe erinnert an das kranzbekrönte Christusmonogramm auf der Heeresfahne (Labarum) Konstantins und seine Nachbildung auf altchristlichen Sarkophagen des vierten Jahrhunderts.

Christliche Bronze-Lampe mit der Formel „Deo gratias", Selinunt, Museum Palermo

82

Kreatives Tun

Bei einem Besinnungstag zur Vorbereitung auf die Erneuerung des Taufversprechens in der Osternacht können unter fachlicher Anleitung Deo-gratis-Lampen aus Ton hergestellt werden; evtl. die Zierscheibe in größerem Format separat von den Lampen zum Aufhängen oder auch in kleinerer Ausfertigung als „Phylakterion" zum Umhängen anfertigen.

Anregungen zur Ausgestaltung können den folgenden Bildern entnommen werden:

Engel halten das Christogramm, Huesca, S. Petro, Nordportal, nach 1367,
Foto: Bildarchiv Foto Marburg

Corona triumphalis mit Christogramm, Prinzensarkophag, um 390, Istanbul, Foto: Bildarchiv
Foto Marburg

Das aus dem Monogramm Christi gebildete Heerzeichen Kaiser Konstantins d. Gr., Labarum eines Marmorsarkophags aus den römischen Katakomben, 4. Jh., Foto: Archiv für Kunst und Geschichte, Berlin

4 Osteroktav und Weißer Sonntag
(Franz-Peter Tebartz-van Elst)

Wo die Osterferien enden, ist für viele auch Ostern längst abgeschlossen. Daß der Ostermontag im Zusammenhang der gesellschaftspolitischen Suche nach einem weiteren Arbeitstag zur Finanzierung öffentlicher Sozialleistungen nicht zur Disposition gestellt wurde, ist ebenfalls wohl mehr dem Interesse an zusammenhängenden Urlaubstagen als einem Bewußtsein für die Bedeutung der Osteroktav als fortdauerndes Osterfest zu verdanken. Begrifflichkeiten wie der ‚Weiße Sonntag‘ sind dort, wo die Erstkommunionfeiern der Witterung wegen immer mehr in den Frühsommer verlegt werden, seltener gebräuchlich und erst recht von ihrem ursprünglichen Sinn her kaum noch bekannt. Umso wichtiger ist es, in der Liturgie der Kirche wieder jene Symbolhandlungen zu beleben, die die Osteroktav als einen einzigen Festtag herausheben und das österliche Geschehen vom *„Abend des ersten Tages der Woche"* (Vgl. Lk 24,13ff) an bis zu jenem Zeitpunkt *„acht Tage darauf"* (Vgl. Joh 20,26) in seinem inneren Zusammnehang mit seinen vielen Aspekten wahrnehmen. Von der frühkirchlichen Bedeutung des ‚Weißen Sonntags‘ her liegt es nahe, seine ursprüngliche liturgische Praxis anzuschauen und in der Verkündigung aufzugreifen. Die in der Osternacht getauften Erwachsenen trugen damals eine Woche lang ihre weißen Taufgewänder einschließlich des Sonntags nach Ostern. In der liturgischen Feier bzw. mit dem Ende dieses Tages wurden die weißen Kleider abgelegt als Zeichen dafür, daß die Neugetauften nun ganz in die Gemeinschaft der Getauften hineingefunden hatten und fest dazugehörten. Von der Taufe bzw.

dem Taufgedächtnis in der Osternacht ergibt sich damit der Impuls für eine mystagogische Vertiefung der eigenen Taufe als Bewußt- und Innewerden der eigenen österlichen Existenz. Das Evangelium (Joh 20,19-31) dieses Herrentages in der Osteroktav legt es nahe, in der Verkündigung die Wunden des Auferstandenen in dem Sinne mit dem Quell der Taufe in Verbindung zu bringen, wie es ein Osterlied tut: *„Erstanden ist die Sonne, die Licht der Erde bringt; erschlossen sind fünf Brunnen, daraus das Heil entspringt, entspringt in Jesus Christ, der nun erstanden ist."* (GL 929, 3 – Diözesananhang Münster)

4.1 Biblische Orientierung

Schriftperikope: Joh 20,19-31

Die Perikope vom ungläubigen Thomas ist für viele Christen zum Glaubenspradigma in moderner, säkularisierter Zeit geworden. Sich im zweifelnden Thomas, seiner Einsamkeit und Not wiederzufinden; ist dabei schon ein mystagogischer Schritt, den österlichen Glauben zu finden.

Die für die Verkündigung am 2. Ostersonntag ausgewählte Perikope Joh 20,19-31 ist in der Leseordnung der Kirche fest mit dem Ende der Osteroktav verwoben und kommt in allen drei Lesejahren zu Wort. Bei eingehender Betrachtung wird deutlich, wie sich dieser Evangelientext in drei thematische Einheiten aufgliedert. Die VV. 19-23 leiten die Erscheinung des Auferstandenen ein und verbinden dieses Ereignis mit der Beauftragung der Jünger. Die VV. 24-29 enthalten die eigentliche Offenbarung des Auferstandenen in der Begegnung zwischen Jesus und Thomas. Die VV. 30-31 bilden den Epilog zu den österlichen Erscheinungen des Auferstandenen und weiten den Blick darüber hinaus auf die gesamte Verkündigung des johannaeischen Evangeliums als ein österliches Bekenntnis des Glaubens und leiten über zum Nachtrag dieses Buches in Kapitel 21, das eine weitere österliche Offenbarung des erhöhten Jesus enthält.

Das Bild der verschlossenen Türen zu Beginn dieser Verkündigungsperikope wird zu einem starken Ausdruck für die Andersartigkeit der Existenzweise des Auferstandenen, der nicht durch menschliche Hindernisse aufgehalten wird. In Verbindung mit der Erläuterung der Furcht als Grund für den Rückzug der Jünger wird dieses Bild aber auch zu einem starken Symbol für menschliche Lebenssituationen und -behinderungen insgesamt. Das Vorweisen der Wundmale des Auferstandenen will nicht nur Jesu leibhaftige, österliche Identität sicherstellen. Hier soll nach einem Wort von Augustinus auch deutlich werden, *„daß die Wunden erhalten blieben, damit die Herzen des Zweiflenden gerettet würden."*

Die Geistbegabung der Jünger durch den Auferstandenen, die hier durch den Friedensgruß eingeleitet wird, ist aufs engste mit der Sündenvergebung verbunden. Diese fundamentlae Wirkung der Taufe kommt hier von Ostern her

noch einmal unter einem anderen Aspekt in den Blick und spannt diesen zugleich auf Pfingsten aus. Der sich damit auftuende Kontext des Kirchenjahres verweist zurück auf den theologischen Kontext der Initiationssakramente: Taufe, Firmung und Eucharistie. Wo die Jünger Anteil bekommen an der Sendung Jesu in die Welt hinein, wird seine Wirkung in ihrem Leben auch die Wirkung ihrer Mission sein. Die Versöhnung der Menschen mit Gott erscheint so als die eigentliche Frucht von Ostern. Kreuzestod und Auferstehung Jesu werden hier zusammengesehen. Im gleichzeitigen Karfreitag und Ostern hebt Pfingsten an als die Zeit der Kirche. Der sprachliche Zeitwechsel in V. 25 ins Präsens mit der Einführung des Thomas will dann auch deutlich machen, wie sehr Ostern ein Ereignis der Gegenwart ist und bleibt. Die Information, daß Thomas bei der ersten Begegnung mit dem Auferstandenen nicht anwesend war, läßt in Thomas auch im übertragenen Sinn die Situation aller späteren Christen erkennen, die in ihrem Glauben vom Zeugnis der Zwölf leben. Die Begegnung des Thomas mit dem Auferstandenen acht Tage darauf (in der Oktav von Ostern) bringt ihn im Angesicht der Wunden und der Einladung, sie zu berühren (daran den Glauben zu betasten und wiederzufinden), zu seinem persönlichen Glaubensbekenntnis: *„Mein Herr und mein Gott"* (V. 28). Hier wird deutlich, daß gerade ein Glaube, der durch Zweifel hindurch zu einer persönlichen Entscheidung gereift ist, ein personales Gottesverhältnis eröffnen kann. So sehr der Vorweis der Wunden des Auferstandenen einerseits alle beschämt, die nach solchen Beweisen verlangen, so sehr wird andererseits daran die leibhaftige Existenz des Auferstandenen als wirkliche Lebensquelle anschaulich. Aus der Gemeinschaft mit dem Gekreuzigten und Auferstandenen Leben zu finden (*durch den Glauben das Leben haben in seinem Namen* – V. 31), ist schließlich Sinn und Ziel aller Glaubensverkündigung, wie es der Epilog (VV. 30-31) von der Offenbarung des Auferstandenen auch in die deutungsoffenen, zweifelnden und ver-zweifelten Situationen menschlichen Lebens hinein sprechen möchte.
Dieses Anliegen hat die weitere homiletische Entfaltung der vorliegenden Schriftperikope aufzugreifen und zu verfolgen.

4.2 Homiletische Erschließung

Predigt am 2. Sonntag der Osterzeit (Lesejahr C)
Wer den Petersplatz in Rom betritt oder Bilder von ihm sieht; wer dem Auge der Fernsehkameras beim Ostersegen des Papstes folgt, kennt die beiden Brunnen, die den Platz gerade dort schmücken, wo sich die Kolonaden weiten. Architekten, Maler, Dichter und Pilger haben sich immer wieder von diesen Brennpunkten anziehen lassen. Conrad Ferdinand Meyer, der romantische Dichter, hat seine Wahrnehmung in Verse gefaßt. Er überschreibt sie:

Der römische Brunnen

Aufsteigt der Strahl und fallend gießt er voll der Marmorschale Rund,
die sich verschleiernd überfließt
in einer zweiten Schale Grund.

Die zweite gibt, sie wird zu reich,
der dritten wallend ihre Flut;

Und jede nimmt und gibt zugleich
und strömt und ruht.

Ein Bild für unseren Glauben, wie er in der Kirche weitergegeben wird? Die Botschaft von Ostern als aufsteigender Strahl, der die Schale aller Generationen und Zeiten randvoll gefüllt hat, um weiterzufließen in eine neue Zeit; in die Schale menschlicher Gedanken und Empfindungen, zeitgenössischer Auseinandersetzungen und sozialer Veränderungen?
Bei allen wallenden und bisweilen stürmischen Fluten, die bisher in der Welt- und Kirchengeschichte von einer Epoche in eine folgende hineingeschwappt haben, behielt bisher der letzte Vers dieses Gedichtes seine Gültigkeit: *„Und jede nimmt und gibt zugleich und strömt und ruht.“* Das klingt nach einem harmonisch abgestimmten Verhältnis der Zeiten zueinander – fast wie ein Generationenvertrag. Der österliche Glaube als Strom, der jede Zeit und jede Generation aus ihrer immer mitgegebenen Begrenzung und Verabsolutierung übersteigt; – Menschen aus der Isolation so vieler Untergangs- und Schuldgeschichten herausreißt und sie untereinander verbindet. Wenn man so will: Vertikale Erlösungsgeschichte im Bild des fließenden Brunnenwassers, das die bisweilen auch gesprungenen Schalen brüchiger Welt- und Kirchengeschichte reinigt.
Ostern weckt in vielen wieder das dankbare Gefühl, selber zu diesem Strom der Rettungsgeschichte zu gehören. Als in der Osternacht das Taufwasser geweiht wurde und dabei die Erinnerung an den Weg Israels durch die Fluten des Roten Meeres wieder aufgenommen wurde, war das kein mythisches, rückwärtsgewandtes Eintauchen in irgendwelche Urwasser, sondern unsere gemeinsame Vergegenwärtigung, daß Ostern noch im Fluß ist und uns mitreißt: *„immer nimmt und gibt, – und strömt und ruht!“*
Wer sich so den Brunnen mit den Versen Conrad Ferdinand Meyers vor Augen führt, mag sich aber auch fragen, wie es mit der Schale unserer Zeit und Generation bestellt ist. Nimmt sie noch so selbstverständlich den Strahl von Ostern auf wie die ‚Zeitschalen‘ vor ihr? Und wenn sie sich nicht mehr bis zum Rand damit füllen kann, was kann sie dann noch weitergeben? Solche Anfragen an unsere Zeit sind Fragen an uns selbst, insofern wir Zeitgenossen sind.

Nicht mehr nehmen zu müssen und geben zu brauchen, ungebunden zu sein, gilt als erstrebenswert. Wo aber die Verbindung mit der Überlieferung unserer Herkunft unterbrochen wird, kann Ungebundenheit zur Unverbundenheit werden. Ist der Strom erst einmal unterbrochen, werden Menschen immer einsamer. Das salopp beschworene Miteinander „Wir bleiben in Verbindung!" – aber ohne Bindung – vermag allenfalls noch ‚Instant-Beziehungen' hervorzubringen, die zwar unterhalten aber nicht erhalten.

Wenn einmal der Strom unterbrochen ist, wenn Menschen nicht mehr aufnehmen wollen und können, können sie auch nicht mehr geben. Die Schale des eigenen Lebens wird immer leerer. Mancher fühlt sich dann ausgetrocknet wie ein abgestellter Brunnen im Winter. Ein Brunnen, der nicht mehr fließt, hat immer etwas Ruinöses an sich. Alleine bleibt, wer nicht mehr strömt, und nicht mehr ruht, wer nur bei sich bleibt.

Vielleicht war das die Not des Thomas! Von ihm sagt die Schrift fast beiläufig: „*Thomas, genannt Didymus – Zwilling, war nicht bei ihnen, als Jesus kam.*" (Joh 20,24) Der Strom von Ostern hat ihn nicht erreichen und füllen können. Weil er noch nicht wie die anderen Jünger den Frieden des Auferstandenen nehmen konnte, kann er nicht geben. Von ihm strömt nichts und er ruht nicht, denn seine Leere füllt sich mit Zweifel: „*Wenn ich nicht meine Finger in die Male der Nägel und meine Hand nicht in seine Seite lege, glaube ich nicht.*" (Joh 20,25) Was sich zunächst nach Abwesenheit anhört, wird in Thomas zum niederdrückenden Gefühl der Einsamkeit. Im Unterschied zu den anderen Jüngern, die es bereits gelernt haben, das wieder aufzunehmen, was vor Ostern war und durch Ostern erst seinen Sinn bekommen hat – wer dieser Jesus war und wie er bleibt -, scheint Thomas um seine Vergangenheit und Zukunft beraubt. So isoliert, im Moment leben zu müssen, ist für ihn keine Unabhängigkeit und auch kein Zustand, der sich durch Ablenkung und Unterhaltung betäuben läßt. Nicht von jenem Strom gefüllt zu werden, der die anderen Jünger erfüllt hat, das macht ihn zur leeren Schale. Diese Leere auszuhalten, tut weh. Dieser Schmerz ist es, der die Bedingungen formuliert; fast so drängend wie ein Ultimatum. Bis zum Äußersten tastet er sich im Zweifel vor; – bis zu den Wunden des Gekreuzigten und Auferstandenen. Indem er sie berühren darf: „*Streck deine Finger aus – hier sind meine Hände. Streck deine Hand aus und lege sie in meine Seite und sei nicht ungläubig sondern gläubig!*" (Joh 20,27) wird Thomas vom österlichen Strim ergriffen: „*Mein Herr und mein Gott!*" (Joh 20,28) Er wird erfüllt von jener Erfahrung, die wir immer noch in einem Osterlied besingen: „*Erschlossen sind fünf Brunnen, daraus das Heil entspringt!*" (Vgl. GL 929,3 Diözesanteil Münster) Weil Thomas sich an die Wunden des Auferstandenen hält, kann Ostern in seine Wunden der Einsamkeit und seine Schmerzen des Zweifels fließen. Vielleicht ist Thomas gerade deswegen so vielen heute Zeitgenosse im Glauben, weil sich die leere

Schale seines Lebens und Glaubens erst später füllte; weil er erst später als die anderen nehmen durfte, um uns geben zu können. Von ihm her strömt Ostern neu, wo die Selbstverständlichkeit des Glaubens heute unterbrochen scheint und die neue Einsamkeit Menschen immer leerer macht. Mit Thomas den Auferstandenen zu ertasten, heißt dann auch, immer mehr einstimmen zu können in das, was die Kirche in einer Präfation besingt: *„Aus seiner geöffneten Seite strömen Blut und Wasser; aus seinem durchbohrten Herzen entspringen die Sakramente der Kirche. Das Herz des Erlösers steht offen für alle, damit sie freudig schöpfen aus den Quellen des Heils."*

Das ist Ostern und der Weiße Sonntag erinnert uns daran, aus welcher Quelle wir heute schöpfen. Er hat seinen Namen von den weißen Gewändern, die die Neugetauften nach ihrer Wiedergeburt aus dem Brunnen der Taufe in der Osternacht erhalten hatten. Sie trugen diese Taufkleider eine Woche lang und kehrten am Sonntag nach Ostern zurück an jene Quelle, die sich für sie in der Gemeinschaft der Kirche aufgetan hatte, um hier ihre Taufkleider abzulegen. Denn von nun an gehörten sie fest zu jener eucharistischen Gemeinschaft, in die die Taufe eingliedert.

So kann ein Gegenstand zum Symbol werden: Besprengt mit dem geweihten Taufwasser der Osternacht; – geschöpft aus dem (romanischen) Taufbrunnen dieser Kirche wird anschaulich, worin seit Jesus von Generation zu Generation Christen Gemeinschaft finden. Im Strom von Ostern zu leben und davon erfüllt zu sein, heißt, so um die eigene und gemeinsame Herkunft zu wissen, daß sie auch heute Menschen beheimatet und auf Zukunft hin vor leerer Einsamkeit bewahren kann.

In diesen Ostertagen wieder mit dem Taufwasser besprengt zu werden, ist die heilsame Erinnerung, daß auch heute die Wunden persönlicher Einsamkeit und gesellschaftlicher Entsolidarisierung nicht zum Abbruch der Überlieferung unseres Glaubens werden.

Wo ihr Schmerz zugelassen wird, bricht in ihnen der Strom von Ostern auf, der in den Umbrüchen unserer Welt- und Kirchengeschichte Menschen immer wieder mit einer neuen Leidenschaft erfüllt hat, wo äußerlich vieles entleert schien.

Aus dem Brunnen der Taufe fließt dieser Reichtum und die Fähigkeit, wieder nehmen und geben zu können. Erst besprengt aus dem Strom von Ostern können wir mit Thomas wieder dahin finden, *„selber zu strömen und zu ruhen"*.

4.3 Liturgische Ausgestaltung

Gestaltungselemente für die Eucharistiefeier mit Taufgedächtnis am 2. Ostersonntag

Einleitung

Wirkliche Osterfreude läßt sich nicht auf einen Tag begrenzen. Wem sich einmal der Brunnen der Taufe geöffnet hat, für den ist es immer Ostern. Deshalb haben wir als Getaufte immer Grund zu feiern: – in dieser Osteroktav, – in der Zeit bis Pfingsten, – an jedem Sonntag.

Was wir im Fest begehen, drängt in den Alltag. Hier will sich Ostern ereignen: Im Zauber des Anfangs, in der ersten Begeisterung; – aber auch hinter verschlossenen Türen und in der Not des Zweifels. Da begegnen die Jünger dem Auferstandenen. Dazwischen stehen auch wir als seine Gemeinde und vertrauen darauf, daß seine Wunden auch für uns zur Quelle des Erbarmens werden.

Kurze Stille

Besprengung der Gemeinde mit dem Taufwasser

Es besteht auch die Möglichkeit, die Gemeinde einzuladen, an den Taufbrunnen heranzutreten, um sich mit dem in der Osternacht geweihten Taufwasser zu bekreuzigen.

Dazu wird das Lied GL 220 1ff gesungen.

Überleitung zum Gloria

Gott, der diesen Tag gemacht hat, und dessen Erbarmen für uns die Quelle des Lebens ist, wollen wir das neue Lied singen.

Gloria

Schriftlesungen

Offb 1,9-11a.12-13.17-19 und Joh 20,19-31

Predigt

s.o.

Fürbitten

Herr Jesus Christus, als Glaubende gehen wir unseren Weg, nicht als Schauende; – nicht frei von Zweifeln und doch voll Vertrauen. So rufen wir:

Antwortruf: GL 358,2 (nach einer kurzen Gebetsstille Kantor und Gemeinde im Wechsel)

– Für deine Kirche an allen Orten und in aller Ungleichzeitigkeit; – daß in allem äußeren Umbruch ihre inneren Quellen nicht versiegen.

– Für die neugetauften Erwachsenen in unserem Bistum; – daß sich der Zauber des Anfangs nicht in leerer Routine verliert.

– Für alle, die aus der Kraft ihrer Taufe und Firmung ihren Glauben ernstnehmen; – daß sich durch ihr Zeugnis der Brunnen der Taufe auch für andere öffne.

– Für alle, die sich hinter den verschlossenen Türen ihrer Angst und Schuld zurückgezogen haben; – daß die Wunden des Auferstandenen für sie neu zu Lebensbrunnen werden.

– Für alle, denen es im Glauben die Sprache verschlägt; – daß sie dich – wie Thomas – stammelnd und staunend als ihren Herrn und Gott bekennen, wo sich wortgewaltige Erklärungen der Menschen verbieten.

– Für alle, die auch nach Ostern in der Finsternis und im Schatten des Todes leben müssen; – daß vor ihren Augen das Wunder der Auferstehung leuchte.

Herr, unser Gott, in unseren Bitten bekennen wir unseren Glauben an dich als den Sohn Gottes. In diesem Glauben haben wir das Leben – in deinem Namen – heute und in Ewigkeit. Amen.

5 Pastorale Perspektiven

Die vorangehende Impulsauswahl zu einer bewußteren Gestaltung und Entfaltung der Osternachtliturgie in die Osteroktav, Osterzeit und letztlich in das Kirchenjahr hinein versteht sich als eine Anregung, die notwendigerweise vor Ort noch einmal eigener Adaptionen bedarf. Das pastorale Anliegen einer biblisch orientierten Verkündigung über die Taufe im Horizont von Ostern und die Suche nach homiletischer Umsetzung wie liturgischer Ausgestaltung besteht darin, ein Taufbewußtsein in denen zu wecken ‚die als Säuglinge getauft wurden und damit über keine persönlichen Erinnerungen an ihre eigene Taufe verfügen. Für den einzelnen Christen wie für die Gemeinde gilt es damit immer noch bzw. immer wieder die Glaubenswirklichkeit der Taufe im eigenen Leben einzuholen. Dieser spirituelle und pastorale Prozeß wird sich in der Verbindung mit den hier vorgestellten liturgischen Symbolhandlungen in Gang bringen lassen. Wo solche Feiern nur einmal bzw. ausnahmsweise stattfinden wird kaum eine Entwicklung im einzelnen Getauften wie in der Gemeinde zu erwarten sein. Wo die Taufe aber immer wieder in den Mittelpunkt der Verkündigung und der liturgischen Ausgestaltung gerückt wird, wird die Wiederholung solcher Symbolhandlungen in unterschiedlichen Lebenskontexten des einzelnen und in verschiedenen Gemeindesituationen eine Vertrautheit damit im Sinne einer tieferen Beheimatung darin schaffen. Von solchen Prozessen wird man eine tiefere Umkehr der Getauften und daraus eine innere Gemeindeerneuerung erwarten dürfen.

III Advent und Weihnachtszeit

(Werner Thissen, Franz-Peter Tebartz-van Elst)

1 Pastorale Ausgangssituation

Der Gedanke an eine ausdrückliche Taufverkündigung und Feier des Taufgedächtnisses in der Advents- und Weihnachtszeit erscheint vielen Verantwortlichen in Liturgie und Pastoral eher fremd. Wieviel unverständlicher muß dieses Bemühen dann zunächst auch auf Gemeinden wirken, die sich während dieser Zeit damit konfrontiert sehen. Daß es aber Weihnachten nur aus Ostern gibt, ist im Glaubensbewußtsein getaufter Christen nur gering ausgeprägt. Die geschichtliche Entstehung des Weihnachtsfestkreises im 4. Jahrhundert, der zunächst seinen Kern in der Geburt und Offenbarung des Herrn (Weihnachten und Epiphanie) hatte, bleibt aus der österlichen Perspektive unter der Fragestellung anzuschauen: Welche Aspekte des einen Pascha-Mysteriums Jesu werden hier eigens in den Blick genommen? Die Menschwerdung Gottes in seinem Sohn Jesus Christus und die Erscheinung der verheißenen Messianität in ihm läßt sich nur von Ostern her verstehen und entfalten. Daß Gott in einem Kind geboren wird und sich in einem Kind offenbart, rückt das Kindsein auch als eine dem Christen wesensgemäße Gottesverwandschaft in das weihnachtliche Glaubensbewußtsein: *„Allen aber, die ihn aufnahmen, gab er Macht, Kinder Gottes zu werden, allen, die an seinen Namen glauben, die nicht aus dem Blut, nicht aus dem Willen des Fleisches, nicht aus dem Willen des Mannes, sondern aus Gott geboren sind."* (Joh 1,12-13) Diese neue, weihnachtliche Geistesverwandtschaft des Getauften mit Christus hat aber seinen Grund in Ostern und drängt zum österlich-pfingstlichen Ausdruck. Diese Dynamik spiegelt sich insofern wieder im Weihnachtsfestkreis, als er in seiner weiteren geschichtlichen Entfaltung analog zum Osterfestkreis im Advent eine Vorbereitungszeit ausgeprägt hat, die neu jenen verläßlichen Grund zur Hoffnung und jenes verheißene Leben in den Blick nimmt, das mit der Taufe geschenkt wird. Der Nachklang des Weihnachtsfestkreises bis zum Festereignis der Taufe des Herrn steht ebenfalls in dieser österlichen Bewegung. Daß und wie Jesus der Christus ist, wird in seiner Taufe in den Evangelien von Ostern her reflektiert.

Diese Bewegung sollte damit auch in die liturgische und pastorale Ausgestaltung des Weihnachtsfestkreises der Gemeinde hineingetragen werden. Das darf nicht zu einer Überfremdung des eigenen Charakters der Advents- und Weihnachtszeit mit einer spezifisch österlichen Symbolik führen. Vielmehr soll es darum gehen, die theologische Prägung der genannten Phasen des Weihnachtsfestkreises exemplarisch aufzuspüren und in der adventlichen und weihnachtlichen Symbolik das österliche Licht zu entflammen.

2 Advent

Die Fülle adventlicher Besinnungen und Feiern sowie das ausgeprägte Adventsbrauchtum überlagert vielerorts das eigentliche Wesen des Advent als eine Zeit der Erwartung des kommenden Herrn in unsere Zeit. Die Gestaltung der Adventszeit wird häufig erlebt in der Spannung, daß ursprünglich religiös-christliche Symbole durch ihren inflationären und im Sog des vorweihnachtlichen Konsums nicht selten banalisierten Gebrauch abgenutzt erscheinen. Andererseits rührt gerade die Lichtsymbolik des Advent in den dunklen Tagen des Winters an eine Ursehnsucht des Menschen nach Geborgenheit, die es von und für Christen in der Liturgie positiv aufzugreifen und gegen vermeintliche Lichterfluten auf Christus hin auszurichten gilt. Damit geht es um das österliche Licht, das bei der Taufe überreicht wurde, das jedes Jahr in der Osternacht entzündet wird und vom Getauften in den Hoffnungstexten und -liedern des Volkes Israel für die eigene Lebens- und Glaubenssituation wiederentdeckt werden will. Ostern im Advent gegenwärtig zu wissen, bedeutet, sich des verläßlichen und bleibenden Grundes für das eigene Vertrauen neu zu vergewissern und sich dabei in der großen Hoffungstradition Israels und der Kirche geborgen zu wissen. In einer Erlebnis- und Konsumgesellschaft bekommt eine solche Profilierung der Adventszeit prophetische Züge, die in der Verkündigung gerade an Gestalten des Glaubens wie z.B. Jesaja, Johannes der Täufer und nicht zuletzt an Maria aufgezeigt werden können. An ihnen wird in unterschiedlicher Weise anschaulich, wie das verheißene Leben schon in dieser Welt in Menschen ein Glaubensbewußtsein und eine Freiheit schaffen kann, die sich allzu vordergründigen Vertröstungen und Ablenkungen widersetzt. Als Getaufter den Advent zu begehen, bedeutet dann, sich nicht mit einer vordergründigen Gemütlichkeit zufriedenzugeben, sondern kraft der eigenen Taufe den Mehrwert des neuen Lebens schon in dieser Welt als Freiheitsbewußtsein in sich zu tragen und es für andere einzusetzen. Dieser Spur geht die folgende Perikope nach.

2.1 Biblische Orientierung

Schriftperikope: Röm 13,11-14a (2. Lesung vom 1. Adventssonntag im Lesejahr A)
Die einleitende Aufforderung, die gegenwärtige Zeit zu bedenken (Vgl. V. 11), richtet sich darauf, als Christ das 'Heute' des Glaubens, den Kairos, zu begreifen. Diese Perikope im Advent zu hören, lädt in diesem Sinn dazu ein, die besondere Atmosphäre der Adventszeit und ihr spezifisches Ambiente als einen Anruf zu verstehen, den inneren Grund des eigenen Glaubens neu zu vergegenwärtigen. Das geschieht, indem sich der Christ kraft seiner Taufe des neuen Lebens erinnert, das schon in ihm ist. Diese

eschatologische Perspektive bekommt Röm 13,11-14a gerade durch die Verwendung eines Taufliedes, das dem Kontext der paulinischen Taufkatechesen entnommen ist (Vgl. i.d.Zshg. 1 Thess 4,3ff, 1 Kor 6,9-11, Kol 3,5ff.11f, und Eph 4,20 – 5,20). Die Perikope steht im Horizont der Naherwartung der Wiederkunft Christi, wie sie das Denken und die Verkündigung in den Gemeinden der apostolischen Zeit bestimmt. Aber auch losgelöst von diesem zeitgeschichtlichen Kontext haben diese Schriftverse für jeden Getauften bleibende Gültigkeit. *„Die Zeit, da wir gläubig wurden"* (Vgl. V. 11b), kennzeichnet den Empfang der Taufe und das ‚jetzt' des näheren Heils (Vgl. auch V. 11b), die bewußte Erinnerung und Vergegenwärtigung dessen, was mit der Taufe geschenkt wurde. Wo die Spannung zwischen dem schon angebrochenen Reich Gottes und der noch ausstehenden Erfüllung im Leben des getauften Christen spürbar wird, gilt es das Leben im Licht des ‚nahen Tages' (Vgl. V. 12) zu betrachten und zu gestalten. Das ‚Ablegen' und ‚Anlegen' ist Taufsprache. Es erinnert an das Symbol des Taufkleides und läßt den ‚Kleiderwechsel' bei der Taufe zu einem Bild für den tieferen, inneren Herrschaftswechsel werden, den der Getaufte dadurch vollzogen hat und immer wieder nachvollziehen muß, daß er *die Werke der Finsternis abgelegt und die Waffen des Lichts angelegt hat* (Vgl. V. 12). Paulus macht in diesem Bild deutlich, daß der getaufte Christ den chaotischen Mächten der Finsternis ein für alle Mal entrissen ist und – mit den Waffen des Lichtes ausgestattet – für einen Lebensstil eintreten kann, der auch anderen das Leben erhellt. Auf dem Hintergrund von Lebensgewohnheiten und Ausschweifungen, wie sie damals in den großen Städten der Antike verbreitet waren, geht es Paulus um eine entschiedene und unterschiedene Lebensweise, die *„im Anlegen des Herrn Jesus als neues Gewand"* (Vgl. V. 14) in der Nächstenliebe, im Aufbau der Gemeinde und im heilenden Dienst an der Welt konkret wird. Wer mit der Taufe Christus als Gewand angelegt hat, trägt damit einen Schmuck, der seine Wirkung nach innen wie nach außen nicht verfehlen darf. Auch wenn der Christ dieses Gewand schon angelegt hat, muß er doch immer noch hineinwachsen, indem er sich hineingibt in ein Grundvertrauen und eine Grundzuversicht, die der österliche Glaube schenkt. Tauferinnerung ist in diesem Horizont immer auch Befähigung zu einem Engagement ‚mit den Waffen des Lichtes'. Diesen theologischen Rahmen der Schriftlesung Röm 13,11-14 füllt die folgende homiletische Erschließung aus, indem sie lebensnahe Bilder aufspürt, die mystagogisch in den österlichen Glauben hineinführen, den diese Perikope im Advent wecken möchte.

2.2 Homiletische Erschließung (Werner Thissen)

Es ist wieder soweit. In den Straßen leuchten Sterne und Lichterketten. Auf dem Weihnachtsmarkt duftet es nach Glühwein und gebrannten Mandeln.

Am Adventskranz brennt die erste Kerze. Je dunkler die Tage werden, desto größer ist die Sehnsucht nach Licht. Je unangenehmer es draußen ist, desto mehr suchen wir Wärme und Geborgenheit. Je mehr uns die Natur an Verfall und Ende erinnert, desto stärker fragen wir nach einem neuen Anfang. Kann der Advent dabei helfen?

Dunkelheit – ich meine auch ganz persönliche Dunkelheit wie Überforderung, Einsamkeit, Zukunftsangst, Bedrückung durch Arbeitslosigkeit oder Krankheit. Wie soll ich damit umgehen? Mein erster Gedanke ist: Nicht hinzuschauen, vielleicht ist es gar nicht so schlimm, Augen zu und durch. Und wenn das nicht mehr hilft? Dann schleicht sich das Gefühl der Ohnmacht ein oder der Wut auf andere, denen es scheinbar besser geht. Aber es hilft alles nichts: Ich muß meine Dunkelheit anschauen, das, was mich quält. Und dann brauche ich jemanden, mit dem ich reden kann. Ein Gespräch kann wie Licht sein, das im Dunkeln aufleuchtet und Orientierung gibt.

Es war vor einigen Jahren: Ich bin mit Jugendlichen unterwegs, zu Fuß mit schwerem Rucksack. Es ist schon spät. Der Regen will nicht aufhören. Wir haben uns gründlich verlaufen. Schließlich erreichen wir einen einsamen Bauernhof. Wir dürfen im Stroh übernachten. Aber vorher kocht uns die Bäuerin noch einen großen Kessel Milch. Können Sie sich das vorstellen: Unterwegs in fremder Umgebung, durchnäßt, erschöpft, und dann geborgen in der warmen Bauernstube um den dampfenden Kessel. Geborgenheit – auch dazu will der Advent anregen. Daß ich bei mir selbst ankomme, bei mir selbst zu Hause bin. Das geht nicht ohne Sammlung. Sammlung ist das Gegenteil von Zerstreuung.

Dazu gehört auch, daß ich wieder anfange, mich an Gott zu wenden. Daß ich ihm sage, wie mir zumute ist. In einem alten Gebet heißt es: Gott, dir vertraue ich. Diese vier Worte sind wichtig für den neuen Anfang: Gott dir vertraue ich. Wenn ich so anfange zu beten, dann kann Gott auch etwas anfangen mit mir.

Sehnsucht nach Licht. – Als Weg zeigt sich das Gespräch.
Suche nach Geborgenheit. – Als Weg zeigt sich die Sammlung.
Fragen nach dem neuen Anfang. – Als Weg zeigt sich das Gebet.
Einen solchen Advent wünsche ich Ihnen: Mit Gespräch, Sammlung und Gebet.

2.3 Liturgische Ausgestaltung

Gestaltungselemente für eine Eucharistiefeier oder einen Wortgottesdienst

Eröffnung

Im Namen des Vaters und des Sohnes und des Heiligen Geistes. Amen.
Unser Herr Jesus Christus, den wir erwarten als Gottes Licht in den Dunkelheiten unseres Lebens, sei mit euch!

Einleitung

Die Vorbereitung auf Weihnachten hat immer auch mit Erinnerung zu tun. Wir fragen uns: Wie war das im vergangenen Jahr, – in meiner Kindheit und Jugend?

Menschen kommen wieder in den Blick, die uns geprägt haben und die uns wichtig geworden sind. Manchen von ihnen schreiben wir in diesen Tagen gute Wünsche zum Fest oder wir sind auf der Suche nach einem Geschenk für sie.

In der Erinnerung begreifen wir: Advent und Weihnachten haben mit unserer Lebensgeschichte zu tun. Dort gibt es Not und Wunden, die besonders in diesen Tagen wieder zu schmerzen beginnen. Dort haben wir Sehnsucht nach dem Retter und rufen wie Israel mitten aus unserer Geschichte: O komm, o komm, Immanuel, du Gott mit uns.

Kyrie

– GL 103: „Tau aus Himmelshöhn"

Vergebungsbitte

Der allmächtige Gott erbarme sich unser, er tröste uns in all' unserer Not. Er erneuere, was er in der Taufe in uns gewirkt hat. Amen.

Fürbitten

Gott ist mit uns – in der Geschichte Israels, in seiner Kirche auf dem Weg durch die Zeiten und in der Lebensgeschichte jedes Menschen. In diesem Vertrauen rufen wir:

Antwortruf: „Komm, du Heiland aller Welt!" (Erste Zeile des Liedes GL 108)

– Um Glaubensmut für alle Verzagten, um Offenheit für die Allzusicheren, um Kraft zu einem neuen Anfang für alle Gescheiterten.

– Um Weisheit und einen langen Atem für alle Politiker, die sich um den Frieden mühen in den Krisengebieten der Erde. (An dieser Stelle können konkrete Konflikte eingefügt werden.)

– Um das tägliche Brot für die Menschen, denen es fehlt, und um ein würdiges Leben für jene, die täglich neu um das Überleben kämpfen müssen.

– Um Geduld und Kraft für alle, die an Seele und Leib leiden; – für jene, die ihnen nahestehen und für alle, die Angst haben vor dem Weihnachts-fest.

– Um das ewige Leben für alle, deren Tage auf Erden zu Ende gegangen sind, und um Trost für alle, die in diesen Tagen den Verlust eines lieben Menschen besonders schmerzvoll spüren.

Vater im Himmel, im Kommen deines Sohnes richtest du auf, was danie-der liegt und heilst, was verwundet ist. Dir vertrauen wir unser Leben an für diese Zeit und in Ewigkeit. Amen.

3 Weihnachten

Der vertraute und auch erwartete Rahmen in der Auswahl der Schriftperi-kopen und der liturgischen Ausgestaltung von Weihnachten scheint auf den ersten Blick mehr noch als im Advent keinen Platz für österliche Erinnerun-gen und Verweise auf die Taufe zu lassen. Texte und Lieder des Weihnachts-festes beanspruchen so sehr ihren eigenen Wert und ihre Geltung, daß eine Öffnung auf eine Tauferinnerung zu dieser Zeit des Kirchenjahres am schwierigsten scheint. Im Sinne einer mystagogischen Taufpastoral tut sich aber gerade in ihnen ein Zugang zum zentralen Pascha-Mysterium des christlichen Glaubens auf, der eine besondere Sensibilität seitens der litur-gisch Verantwortlichen verlangt. Ohne ausdrückliches Taufvokabular zu verwenden, muß es gerade darum gehen, in zentralen Motiven der alttesta-mentlichen Verheißungstexte, des Weihnachtsevangeliums, der weiteren Kindheitsgeschichten nach Lukas bzw. Matthäus und des Prologs zum Johannesevangelium verbindende Anknüpfungspunkte für eine Deutung des Weihnachtsgeschehens im österlichen Licht zu entdecken. Wie eingangs erwähnt, legt sich hier der Gedanke des Kindseins nahe. Dieses, alle weihnachtlichen Schrifttexte durchziehende Motiv rührt an ein Glaubens-geheimnis, das kognitiv für viele Menschen heute nur schwer zugänglich erscheint, affektiv aber gerade in der besonderen Atmosphäre der weih-nachtlichen Liturgie anrührt. Die damit gegebene spezifische Aufmerksam-keit für die Verkündigung stellt eine Chance dar, die nicht unterschätzt werden darf. Gerade jene Gottesdienstbesucher, die nur an Weihnachten den Weg zur Kirche finden, ansonsten aber den Kontakt zu Glaube und Kirche verloren haben, gilt es hier besonders in den Blick zu nehmen. Daß Weih-nachten in ihnen etwas vom österlichen Licht neu entflammen kann, zeigt ihre Bereitschaft, alter Tradition, leerer und u.U. auch letzter Gewohnheit gemäß aber auch in einer latenten Erwartung, ein zündendes Wort zu hören, wieder einmal bzw. noch einmal zu kommen. Daß von Gott her das öster-liche Licht auch in einer solchen Mitfeier von Weihnachten und in seinem Kerzenschein alte, erstickte Glut wieder entflammen kann, macht die Botschaft vom Kind deutlich. Gott hört nicht auf, immer wieder mit den

Menschen anzufangen, gerade mit jenen, die aufgehört haben, ihn zu suchen. Über die Botschaft eines Kindes lassen sich Menschen, die ansonsten verhärtet scheinen, häufig am ehesten erweichen. In diesem Zusammenhang kann gerade auch die Mitfeier einer Kindertaufe an Weihnachten bzw. im Weihnachtsfestkreis helfen, sich dieser österlichen Grundbotschaft des christlichen Glaubens wieder zu erinnern. Die folgende biblische Orientierung will gerade das Motiv des Kindes so zu verstehen suchen, daß die anschließende homiletische Erschließung der Weihnachtsbotschaft zu einer Ermutigung wird, wieder anzufangen mit dem Glauben und der Kirche; d.h. dann auch unausgesprochen: sich der eigenen Taufe zu erinnern und wieder Gemeinschaft mit der Kirche zu suchen. Die Amerikaner haben für die daraus folgende Pastoral ein vielversprechendes Wort: ,Re-Membering Church'.

3.1 Biblische Orientierung

Schriftperikopen: Jes 9,1-6 und Lk 2,1-14

Jes 9,1-6

Die Verheißung der Geburt des göttlichen Kindes hat seinen geschichtlichen Entstehungskontext in der nachexilischen Zeit Israels. Die messianische Hoffnung auf eine neue Zukunft greift zwar auf historische Kontexte zurück. Dies geschieht aber nur zu dem Zweck, Vergangenheit und Gegenwart umfassend auf die neue, verheißene Zukunft hin auszurichten. Es gehört zu einer solchen Art eschatologischer Prophetie, daß alle Zeit und ganz besonders das Dunkel der Gegenwart in das Licht der zu erwartenden Rettung gestellt wird. Damit hat das Dunkel alles Chaotische verloren. Im Gegensatzpaar ,Finsternis-Licht' wird in einer assoziativen Analogie zum Schöpfungsbericht (Vgl. Gen 1,1-5) die theologische Aussage dieser Perikope entwickelt. So, wie Gott einst aus dem mythischen Chaos den Kosmos geschaffen hat, wird Gott auch für Israel nach den politischen Wirren und Bedrängnissen neues Leben schaffen. Das *„Licht sehen"* (Vgl. V. 1) bedeutet in der Zionstheologie ,das Leben finden'. Und das ist ein wirklicher Grund zur Freude für alle, die eine politische Änderung der Verhältnisse erhoffen (Vgl. VV. 3-4); darüber hinaus aber für jeden einzelnen Menschen in den Dunkelheiten, die das persönliche Leben immer wieder überschatten. Die Horizonterweiterung zunächst zionistischer und damit politisch-zweckrationaler Hoffnungen auf die tieferen Sehnsüchte des einzelnen Menschen nach Leben hat einen verläßlichen Grund, der für alle Zeiten gilt: *„Denn uns ist ein Kind geboren, ein Sohn ist uns geschenkt"* (V. 5). Diese Geburtsproklamation hat ihre Wurzeln in ägyptischen Königs- und Hofzeremonien und wird hier aufgegriffen, um die Geburt und den Herrschaftsantritt des Messias anzukündigen. Dabei geht es nicht um einen

Abstammungsnachweis, sondern um eine heilsgeschichtliche Legitimation, die über alle profangeschichtlichen und politischen Erwartungen hinausgeht. Das will auch die Verleihung der Königstitulatur mit den besonderen Eigennamen (Vgl. V. 5) deutlich machen. Als *„Wunderbarer Ratgeber, Starker Gott, Vater in Ewigkeit, Fürst des Friedens"* steht der angekündigte Messias über alle zu klein gedachten und funktionalisierten Rettungsvorstellungen der Menschen. Ihm geht es um den Menschen selbst, seine Verlorenheit und Dunkelheit. Die christliche Leseweise von Jes 9,1-6 läßt diese Verheißung in Jesus Christus erkennen. In ihm wird der gekommene Messias neu zur Verheißung im Blick auf das neue Leben, das jeden, der mit ihm durch die Taufe verbunden ist, erwartet. Wer Jesus Christus ist und was seine Hoheitstitel an Leben beinhalten, kann nur der Mensch erfahren, der seine Niedrigkeit auf den Erhöhten hin öffnet und im Glauben immer wieder vergegenwärtigt, wer Jesus Christus als der gekommene Messias heute schon für ihn ist. Wie die Verheißung seiner Geburt als Kind die scheinbare Endgültigkeit politischer und persönlicher Geschichte immer wieder sprengt und den ungeahnten, nicht mehr für möglich gehaltenen Neuanfang auch heute schafft, will das Weihnachtsevangelium auf diesem skizzierten alttestamentlichen Hintergrund entfalten.

Lk 2,1-14

Vergleichbar Jes 9,1-6 verkündet Lk 2,1-14 ein Ereignis in der Geschichte, das über die Geschichte hinausgeht, indem es Vergangenheit, Gegenwart und Zukunft der Menschheit wie jedes einzelnen Menschen betrifft. Die Nennung des römischen Kaisers und weiterer Gegebenheiten der damaligen Volkszählung in VV. 1-2 belegen den geschichtlichen Hintergrund. Die Schilderung der näheren Umstände der Geburt Jesu wollen weniger die Armut, sondern mehr die Ohnmacht dieses Sohnes David betonen und damit die Verwundbarkeit und Verletzbarkeit des mit ihm gekommenen neuen Lebens bewußtmachen (Vgl. V. 6 und V. 12). Die hymnische Verkündigung des Engels in V. 14 ist wirklich Evangelium, frohe Botschaft. In der sprachlichen Art ihrer Vermittlung wird ihr Inhalt deutlich: Die Geburt Jesu offenbart Gottes zu preisende Herrlichkeit und seine den Tod überwindende lichtvolle Macht. Das verheißende Heil will die Lebenssehnsucht aller Menschen erfüllen. Es ist nicht geschichtlich bzw. politisch festgelegt und auch nicht weltenthoben oder spiritualisiert. Es meint jeden Menschen und alle Zeiten; jede Gemeinschaft und immer das konkrete Heute. In dieser Ausrichtung erfährt die Weihnachtsbotschaft ihre Einordnung und zugleich Ausrichtung auf das österliche Geheimnis und Bekenntnis des christlichen Glaubens. Daß Gott in der Menschwerdung seines Sohnes immer wieder neu das österliche Licht in den Getauften entflammen will, indem er immer wieder neu mit den Menschen anfängt, ergibt sich als mystagogischer

Zugang zur eigenen Taufe in der Verkündigung von Weihnachten. Das Kind in der Krippe wird so zum leibhaftigen Symbol des österlichen Glaubens in der Feier von Weihnachten.

3.2 Homiletische Erschließung

Kerzenschein und Weihrauchduft! – Der Tannenbaum und das Kind in der Krippe! Diese Nacht können wir nicht anders und wollen nicht darauf verzichten. Denn diese äußeren Zeichen führen heute nacht nach innen. Sie erinnern an eine heile Welt, wie wir wir sie vielleicht einmal erlebt haben. Sie versetzen uns zurück in die Tage der Kindheit als vieles noch geheimnisvoll und heil schien.

Ist es das vielgenannte ‚Kind im Manne‘, das sich in dieser Nacht wieder meldet und uns hierhin führt? Ist es immer noch das Kind in uns, das uns eine Nacht im Jahr so empfindsam und so verwundbar macht; das Tränen auslöst und nach Hilfe schreit? Daß es dieses Gefühl noch in ums gibt – und immer in dieser Nacht! Wir hatten es fast vergessen. – Bald ist wieder Tag, Alltag. Dann müssen wir es wieder vergessen.

„Du bist doch kein Kind mehr!", sagen wir heranwachsenden Menschen, wenn sie Gefühle von Trauer und Freude nicht zurückhalten können; wenn sie unerwartet spontan sind. Wer aber den eigenen Gefühlen entwächst, wird der erwachsen? Die eigene Spontaneität und Sehnsucht zu zügeln, sie der alltäglichen Pflicht unterzuordnen, rühmen wir ‚erwachsen‘. Schließlich ist das Leben keine Spielerei. „Das werdet ihr noch lernen!", rufen wir denen zu, die sich dieses Korsett noch nich anziehen wollen.

Aber mit der Zeit wächst jeder in dieses Gestänge hinein. Nicht ohne Stolz schauen manche auf das, was sie sich aufgebaut und erworben haben an Einfluß, Macht, Ansehen oder Besitz. Möglichst schnell wünschen sich viele einen solchen Start in die Welt der Erwachsenen und bauen ihn aus ... bis ... eines Tages die Seele die Stangen dieses Korsetts sprengt. – Nicht selten in diesen Tagen, beim Blick in die alten Familienfotos beginnen dann die Fragen zu bohren: Was ist aus dem unbeschwerten Gesicht der Kindheit geworden? Wo ist nicht überall ein Faden der Sehnsucht abgerissen, der in Jugendtagen noch gesponnen wurde? Welche Erwartungen an Ehe und Familie, an sich selbst und nicht zuletzt an Gott sind irgendwann der Pflicht und den eigenen Interessen untergeordnet worden?

So können Menschen verwachsen, die allzuschnell ihren eigenen Gefühlen entwachsen. Eine Unzufriedenheit kann sich in das Leben einschleichen, die hart werden läßt gegen alles, was noch weich, verletzbar, ungeboren und neugeboren ist an Menschen und Ideen. Manchmal ist das der Kampf in uns gegen den Urwunsch, das Rad der eigenen Lebensgeschichte noch einmal zurückdrehen zu können. Nicht selten ohne die innere Ahnung oder Panik: „Was habe ich alles verpaßt!" „Wenn ich noch einmal von vorne beginnen könnte, was würde ich nicht alles anders machen – in der Ehe und Familie, im Beruf!" „Ach, wenn ich noch einmal mit meinem Gott beginnen könnte!" Wenn Menschen mit dieser Frage ein Zwischenfazit ihres Lebens ziehen, klingt das nach Wehmut, Trauer und Resignation. Wer am Ende ist mit sich, seiner Leistung und der Welt, der schreit nach Anfang aber es tönt in unseren Ohren wie Untergang.

Hellhörig sind wir aber in dieser Nacht, weil die gleiche Frage aus einer anderen Richtung an unser Ohr kommt, – und es klingt nach Rettung: „Ach, wenn ich doch mit den Menschen neu beginnen könnte!" Dieser Ruf Gottes weiht diese Nacht. Weihnachten, – das ist Gottes Sehnsucht, mit all' den Menschen neu anzufangen, die am Ende sind. Gott läßt uns aber nur soweit an unser Ende kommen, wie er selbst daraus mit uns seinen neuen Anfang machen kann. Mitten im Winter und zur tiefsten Dunkelheit erreicht uns dieser Ruf. Die Mitte der Nacht ist der Anfang des neuen Tages. „Als die Nacht in ihrem Lauf die Mitte erreicht hatte, da kam, o Herr, vom Himmel her dein allmächtiges Wort" (Vgl. Weish 18,14). Deshalb feiern wir diesen Ruf Gottes an uns gerade in der Nacht.

Dem Volk Israel, „das im Dunkel lebt" (Vgl. Jes 9,1) und das darunter leidet, das Leben verpaßt zu haben, gilt Gottes Verheißung, neu mit diesem Volk zu beginnen.

„Denn ein Kind ist uns geboren" (Vgl. Jes 9,5). Gott wird Kind, weil er nicht deutlicher machen kann, wie er mit uns anfängt und anfangen läßt. Immer steht das Symbol des Kindes für die Erlaubnis, das Leben noch einmal von vorne beginnen zu können: – Sich noch einmal an all' das erinnern zu dürfen, was seit Kindertagen nicht zum Leben zugelassen war. – Sich noch einmal das Leben vorzustellen mit der Möglichkeit, aus alten Fehlern zu lernen. – Alle Begeisterung und Leidenschaft wiederzuentdecken, die die Nacht der Gewohnheit irgendwann einschlafen ließ! So steigt Gott in unser Leben ein, wo uns zum Aussteigen zumute ist.

Und dies soll uns als Zeichen dienen: „Wir werden ein Kind finden, in Windeln gewickelt und in eine Krippe gelegt" (Vgl. Lk 2,12). In dieser Nacht spüren wir neu die Verletzbarkeit unserer Gefühle, die uns mit Gott und untereinander verbinden. Neu schmerzt, was verwundet und zerstört ist; was in Beziehungen eingeschlafen und abgerissen ist. Neu und spontan gerät in in dieser Nacht in uns aber auch etwas in Bewegung: Neue Sehnsucht und Leidenschaft! Denn Gott wird Kind in uns. In dieser Nacht fängt er neu in uns an. Wer mit ihm und seiner Gemeinde gebrochen hat, kann neu anfangen. Wo Liebe und Glaube zum Stillstand gekommen sind, gilt, was wir öfter sagen: Ein Kind bringt Leben in die Ehe, in das Haus, in das Herz. Gott bleibt Kind in uns, weil er nie aufhört, anzufangen. Das ist das Neue Testament, das in dieser Nacht beginnt.

Lassen wir darum die Zeichen sprechen, die uns in dieser Nacht daran erinnern, daß wir Kinder, – 'Kinder Gottes' sind. Denn 360 Tage im Jahr spielen wir ‚den Mann‘, ‚die Frau‘, groß und stark. In dieser Nacht dürfen wir sein, was wir sind, weil er es wird: KIND.

3.3 Liturgische Ausgestaltung

Gestaltungselemente für eine Eucharistiefeier mit Krippensegnung

Eröffnung
Im Namen des Vaters und des Sohnes und des Heiligen Geistes. Amen.
Die Gnade unseres Herrn Jesus Christus, der für uns Mensch geworden ist, sei mit euch!

Einleitung
„Gott wurde Mensch, damit der Mensch Heimat finde in Gott." So deutet die Hl. Hildegard das Geheimnis der Geburt Christi.
Liebe Christen, von Herzen wünsche ich Ihnen den Frieden der Weihnacht. Er ist Heimat für alle, die ohne Herberge sind, – für Seele und Leib, – in den Einsamkeiten ihrer Gedanken und Gefühle. – Er läßt sich finden in der Berührung mit allem Unbehausten, – in den Tiefen unserer Seele, in der Breite unserer Gesellschaft. – Gott wird Mensch im Mangel und in der Bedürftigkeit unseres Lebens, damit wir dort zur Fülle des Glaubens finden. So erbarmt sich der Allmächtige, – als ohnmächtiges Kind in der Krippe.

Segnung der Krippe
Die Krippe ist ein anschauliches Symbol für die Menschwerdung Gottes im Kind. Daß alle Getauften durch die sakramentale Verbundenheit mit dem Kind in der Krippe zu Kindern Gottes geworden sind, soll in der Symbolhandlung der Krippensegnung gemeinsam erinnert werden. Gesang, Besprengung, Weihrauchinzens und Gebet sollen mystagogisch vergegenwärtigen, was Worte alleine nicht umfassend erschließen können.
Der Priester und die übrigen Dienste (ggf. auch die versammelte Gemeinde) ziehen in einer Prozession zur Krippe. Dazu ertönt Orgelspiel, das überleitet zum Lied: GL 141 1,2. Der Priester besprengt die Krippe mit Taufwasser und inzensiert sie mit Weihrauch. Dann spricht er das folgende Gebet:

Gebet
Herr Jesus Christus, wir danken dir für dein Kommen mitten in der Nacht. In der Taufe bist du das Licht unseres Lebens geworden. In deiner Krippe erkennen wir dein Kreuz und in der Feier dieser geweihten Nacht erfahren wir das österliche Geheimnis unseres Glaubens. Wohne du in uns, mache unser Leben hell und laß uns zum Licht werden für die Menschen neben uns.
Darum bitten wir dich: Wunderbarer Ratgeber, Starker Gott, Fürst des Friedens, du unser Bruder und Herr. Amen.

Lied

– GL 141,3.4: „Ich lag in tiefster Todesnacht"

Fürbitten

Herr, unser Gott, du wurdest arm um unseretwillen, damit wir reich werden in dir. Wir rufen dich an: Du Kind in der Krippe, du Heiland der Welt.
Antwortruf: GL 358,3: „Lasset zum Herrn uns beten:..."

– *„Du bist das ewige Wort des Vaters in der Sprachlosigkeit der Menschen."*
Mache deine Kirche zur Botin des Trostes in den Traurigkeiten dieser Welt.

– *„Du leuchtest als Licht in der Finsternis."*
Erfülle unseren Papst N.N., unseren Bischof N.N. und alle Frauen und Männer im Dienst deiner Kirche mit der Freude der geweihten Nacht.

– *„Du bist in der Welt und die Welt ist durch dich geworden."*
Gib den Politikern Weisheit und den Völkern Einsicht, daß endlich Friede werde in ... (Hier können konkrete Krisengebiete und Konflikte genannt werden.)

– *„Du kamst in dein Eigentum, aber die Deinen nahmen dich nicht auf."*
Mache uns zum Anwalt aller, deren Lebens- und Heimatrecht bei uns bedroht ist: der ungeborenen Kinder, der Flüchtlinge und der Menschen ohne Obdach.

– *„Du bist die Fülle in allem Mangel."*
Erbarme dich aller, die in diesen Tagen einsam sind, die Angst haben vor der Zukunft, und die es in den Ehen und Familien schwer miteinander haben.

– *„Allen, die an deinen Namen glauben, hast du Macht gegeben, Kinder Gottes zu werden."*
Erfülle die Sehnsucht aller Verstorbenen nach ewigem Leben und tröste besonders jene, die an diesem Fest den Verlust eines lieben Menschen beklagen.

Allmächtiger Gott, *„aus deiner Fülle haben wir alle empfangen: Gnade über Gnade."* Dir sei Lob und Ehre in Ewigkeit. Amen.

4 Taufe des Herrn

Die Taufe Jesu durch Johannes im Jordan steht als heilsgeschichtliches Ereignis in besonderer Weise im österlichen Licht und ist nur von Ostern her zu begreifen. Die Offenbarung der Gottessohnschaft Jesu, die das weihnachtliche Festgeheimnis noch am deutlichsten aufnimmt und weiterführt, die Salbung mit dem Heiligen Geist zum Messiasamt und die Heiligung des Wassers zur Sündenvergebung in der Taufe sind Epiphanien, die auf das Pascha-Mysterium Jesu verweisen. Während in der Ostkirche die Taufe Jesu im Fest der Erscheinung des Herrn seinen Ausdruck gefunden hat, wurde in der nachkonziliaren römischen Liturgie das Fest der Taufe des Herrn auf den

Sonntag nach Epiphanie gelegt und beschließt damit den Weihnachtsfest-
kreis. Theologisch läßt sich der enge Zusammenhang von Erscheinung und
Taufe des Herrn aber nicht auseinanderdividieren. Auch wenn die Taufe, die
Jesus durch Johannes empfängt, nicht gleichzusetzten ist mit der Taufe, die
Christen auf den Tod und die Auferstehung Jesu empfangen haben, liegt der
Gedanke an die eigene Taufe und die Feier der Tauferinnerung an diesem Tag
nahe und sollte ausdrücklich begangen werden. In der Weise, wie Jesus sich
durch seine Bereitschaft, die Bußtaufe des Johannes zu empfangen, mit den
Sündern solidarisch erklärt, wird anschaulich, auf wen hin seine Messianität
und Sendung ausgerichtet bleibt. Durch sein Hinabsteigen in die Fluten des
Jordan wird das Wasser nicht nur für die Jünger des Johannes, sondern erst
recht für die Jünger Jesu zum geheiligten Zeichen. Noch deutlicher rückt die
Salbung Jesu mit dem Heiligen Geist in den Blick, daß jeder der auf ihn
getauft ist und an seiner Sendung Anteil nehmen will, zum Gesalbten, d.h.
zum Christen wird. Neben der Wassertaufe wird damit auch die Salbung von
diesem heilgeschichtlichen Ort aus als eine Symbolhandlung anschaulich,
die Gemeinschaft mit Jesus Christus zum Ausdruck bringt. Die Liturgie der
Initiationssakramente (bes. der Taufe und Firmung/Salbung) bekommt damit
aus der Perspektive des Weihnachtsfestkreises ein inkarnatorisches Gewicht.
Gottes Offenbarung und Heil in Jesus Christus und seine Sendung zu den
Menschen will leibhaftig zum Ausdruck kommen. Im österlichen Horizont
bekommen diese sakramentalen Symbolhandlungen aber erst ihre inhaltlich-
theologische Eindeutigkeit im Blick auf unsere Taufe, die im Ereignis von
Ostern ihren Grund hat. Damit kann das Fest der Taufe des Herrn zu einer
wichtigen Schwelle innerhalb des Kirchenjahres werden, das die österliche
Seite des Weihnachtsgeheimnisses bündelt und im Zugehen auf Ostern die
leibhaftige Seite unseres Glaubens immer wieder von Weihnachten her zur
Geltung bringt. Wo Christen sich ihrer Taufe erinnern, verschmelzen beide
Aspekte zu einer Perspektive, die schon im biblischen Bericht von der Taufe
Jesu enthalten ist.

4.1 Biblische Orientierung

Schriftperikope: Mt 3,13-17

Jesu Zugehen auf Johannes leitet diese Perikope ein und macht schon
zeichenhaft deutlich, wie der Täufer an der Schwelle zu einer neuen Zeit
steht. Jesus greift bewußt auf das zurück, was gewachsen ist und in der Verkündigung des Johannes an Orientierungssuche und Umkehrbereitschaft
unter den Menschen seiner Zeit entflammt ist. Jesus kommt und steht in der
festen Tradition, die sich in Johannes und seiner Lebensgeschichte als Sinnbild der damaligen Zeitgeschichte symbolisiert, indem er sich von ihm
taufen läßt (Vgl. V. 13). Die Frage bzw. das Unverständnis der matthäischen
Gemeinde, warum der sündlose und gerechte Jesus die eindeutig als Buße

ausgewiesene Taufe des Johannes trotzdem empfängt, wird durch den Evangelisten dadurch überwunden, daß er Jesus hier als ganz an den göttlichen Willen gebunden und zugleich bis zur Ganzhingabe solidarisch mit den Menschen vorstellt. Jesu umfassende heilsgeschichtliche Bedeutung wird deutlich in der Offenbarung aus dem geöffneten Himmel und der Herabkunft des Geistes. Dieser Offenbarungsvorgang bildet damit auch die Sinnmitte dieser Perikope (Vgl. VV. 16-17). An dem, was die göttliche Stimme über Jesus sagt, wird das christologische Grundverständnis der Urkirche ablesbar. Auch wenn Mt hier das Gottesknechtslied von Jes 42 im Blick auf Jesus aufgreift, überbietet er es doch dadurch, daß hier nicht mehr vom Knecht, sondern vom Sohn die Rede ist, der nicht nur erwählt, sondern geliebt wird. Damit kommt eine Unmittelbarkeit in der Gottesbeziehung Jesu zum Ausdruck, in die alle aufgenommen werden, die in der Taufe auf seinen Tod und Auferstehung mit ihm verbunden werden. Auch wenn die Taufe Jesu am Beginn seiner öffentlichen Tätigkeit und Sendung ein Bekenntnis zu ihm als Knecht und Sohn Gottes zugleich sein will und die darin in der Verkündigung des Mt durchscheinende Fundamentalchristologie der Urkirche keine direkte Interpretation der christlichen Taufe zuläßt, verweist die Gottesverwandtschaft Jesu mit dem Vater doch auf jene Geistesverwandtschaft der auf Christus Jesus Getauften. Denn mit keinem anderen Geist sind wir gesalbt als mit dem Geist, den Jesus empfängt. Folglich ist es keine andere Glaubensidentität, die in uns in der Kraft des Glaubens wachsen kann und soll, als die, die Jesus in der Offenbarung des Vaters erhält. Für Christen gilt aber immer, daß es dieses Selbstvertrauen als Gottvertrauen nur über Jesus Christus, d.h. in der Teilhabe und -nahme an seinem Leben gibt. Diese theologisch-spirituelle Verbindung will die folgende Homilie erschließen.

4.2 Homiletische Erschließung

Ein Weihnachtserlebnis, das eigentlich Ostern ist. Ein Stück Autobiographie aus der Feder oder besser aus dem Herzen Paul Claudels vom 1. Weihnachtstag 1886. Der Schriftsteller notiert in seinem Tagebuch:
„So stand es nun um das unglückliche Kind, das sich am 25. Dezember in die Kirche Notre Dame in Paris begab, um dort dem Weihnachtshochamt beizuwohnen. Damals fing ich an zu schriftstellern und hatte die Vorstellung, ich könnte in den katholischen Zeremonien, die ich dünkelhaft betrachtete, Stoff für neue Übungen finden. In dieser Stimmung wohnte ich, von der Menge gestoßen und gedrückt, dem Hochamt mit mäßigem Vergnügen bei. Dann, da ich nichts besseres zu tun hatte, kam ich zur Vesper wieder. Die Knaben der Singschule in weißen Gewändern sangen gerade und hatten, wie ich später erfuhr, das Magnifikat angestimmt. Ich selbst stand in der Nähe des zweiten Pfeilers am Choranfang, rechts auf der Seite der Sakristei.

Da nun vollzog sich das Ereignis, das für mein ganzes Leben bestimmend sein sollte. In einem Nu wurde mein Herz ergriffen, ich glaubte. Ich glaubte mit einer so mächtigen inneren Zustimmung, mit einer so starken Überzeugung, mit solch unbeschreiblicher Gewißheit, daß keinerlei Platz auch nur für den geringsten Zweifel offenblieb, daß von diesem Tag an alle Bücher, alles Klügeln, alle Zufälle eines bewegten Lebens meinen Glauben nicht zu erschüttern vermochten. Ich hatte plötzlich das Gefühl der ewigen Kindschaft Gottes, einer unaussprechlichen Offenbarung. Wie glücklich doch die Menschen sind, die einen Glauben haben! Wenn es wirklich wahr wäre? Es ist wahr! Gott existiert! Er ist da."

Ein solches Glaubenszeugnis wirkt eigentümlich; faszinierend und fremd zugleich; abgehoben und unrealistisch; – eben nichts für ‚normale‘ Christen. Wem mitten im Leben der längst ererbte Glaube plötzlich zur Erfahrung wird, der hat etwas zu sagen; – sich und anderen. Aber: *„Die Bekehrten sind lästig!"*, so hat Georges Bernanos einmal gesagt. Sie geben sich nicht zufrieden mit der Welt, wie sie ist. Sie sind so sicher, ohne daß sie im populären Sinne nur ‚cool‘ wären. Nicht zuerst das Wissen, sondern die geschenkte Erfahrung bildet ein neues Bewußtsein von Gott, für die Menschen und von sich selbst.

Ein Schlüsselerlebnis dieser Art ist die Taufe Jesu. Im Matthäusevangelium ist sie ein erster Einschnitt nach den Kindheitsgeschichten. Weihnachten wird zu Ostern in Beziehung gesetzt. Das Kind in der Krippe erscheint im Glauben erwachsen. Wie sich dieser Jesus von Nazaret selbst versteht, in welcher Beziehung er zum Vater steht und wie er sich auf die Menschen hin ausgerichtet weiß, leuchtet hier auf. Was Jesus hier erfährt, ist mehr als ein Blitz aus heiterem Himmel. Aber der Himmel öffnet sich. Was Jesus an innerer Zustimmung zum Vater und zu seiner Sendung wahrnimmt, ist weder Menschenwerk noch Einbildung. Die Erfahrung innerer Glaubensgewißheit, daß das wahr ist, was ich glaube – in meinem Leben und unter den Menschen -, bleibt Gottes Geschenk.

Wo sich über Menschen der Himmel öffnet, wo sich plötzlich eine neue Sicht auftut und eine innere Versöhnung da ist, läßt sich das nicht rekonstruieren. Erfahrungen sind nicht sezierbar. Allein die Erinnerung vergegenwärtigt, was im Glauben einmal Wirklichkeit geworden ist. Die nachösterlichen Gemeinden und mit ihnen Matthäus entdecken in der Taufe Jesu seine tiefe Gotteserfahrung, die durch den Tod hindurch verläßlich bleibt. Darauf beziehen sie ihre eigene Taufpraxis in der Nachfolge Jesu. Kirche hat ihre Identität in der Gotteserfahrung Jesu und in seiner Sendung. Mit keinem anderen Geist sind wir getauft. Wo Kirche sich dieser Erfahrung erinnert, da öffnet sich der Himmel; da wächst die Freiheit, nicht immer nur das zu sehen, was weniger wird, was beklagenswert scheint und irgendwann zu einer ‚Schwarz-Weiß-Malerei‘ führt. Sich den Glauben Jesu zu eigen zu machen, ihn im eigenen Leben aufzuspüren, ihn in der Gemeinde zu ent-

decken und ihn dann im Glaubenswissen der Kirche verdichtet wiederzufinden, heißt Glaubenlernen im biblischen Sinn; – so wie es die hebräische
Sprachwurzel wörtlich meint: ‚sich festmachen in Gott'. Darin eine innere
Sicherheit zu gewinnen, die in den äußeren gesellschaftlichen Umbrüchen
und Abbrüchen nicht erschüttert wird, heißt ‚Glauben erfahren'.
Die Dichterin Hilde Domin sagt das so: *„Man muß weggehen können und
feststehen wie ein Baum!"* Eine solche Identität schenkt der Glaube: Wer
den Himmel an einer Stelle in seiner eigenen Lebensgeschichte offen sieht,
kann umso fester auf der Erde stehen. Es geht um ein Selbstvertrauen, das
Gottvertrauen ist; das den Dialog mit den Zeitgenossen wagt; das sich ein-
fühlt in die Gedanken der anderen, ohne die Angst, die eigenen würden
davon verschlungen. Wie die Beweglichkeit des Baumes im Sturm von der
Tiefe seiner Wurzeln abhängt, gründet die Weite und Freiheit des Christen
in solchen Momenten, wo erlerntes Glaubenswissen transparent wird für
die darunterliegende Erfahrung. Jedes menschliche Leben und die
Geschichte der Kirche ist voll solcher Erfahrungen, die es wie einen Schatz
zu heben gilt. Es zeichnet den jüdisch-christlichen Glauben der Bibel aus,
daß Erinnerung Vergegenwärtigung schafft und darin eine neue Zukunft
eröffnet.
Diese einmal geschenkte Glaubensgewißheit erleben wir trotzdem als
bedroht. Sie bleibt angefochten und kann Zweifel und Enttäuschungen
nicht einfach ignorieren.
Aber sie greift tiefer als alle inneren und äußeren Einwände, wo sie sich so
auf Gott verläßt, wie Paulus es für sich begreift und der Gemeinde in Rom
in Erinnerung ruft: *„Wißt ihr denn nicht, daß wir alle, die wir auf Christus
Jesus getauft wurden, auf seinen Tod getauft worden sind? Wir wurden mit
ihm begraben durch die Taufe auf den Tod; und wie Christus durch die
Herrlichkeit des Vaters von den Toten auferweckt wurde, so sollen auch wir
als neue Menschen leben."* (Röm 6,3-4)
So wie Ostern für Jesus zeigt, daß die Gotteserfahrung vom Jordan
trägt, hat jede Spur unseres Lebens in der Kraft unserer Taufe Teil an der
Glaubensgewißheit Jesu. Unsere Identität als Christen ist im eigentlichen
Sinn des Wortes unsere ganze Übereinstimmung mit Jesus Christus. Paul
Claudel formuliert für sich, was wir als Getaufte auch von uns sagen
dürfen: „Wie glücklich doch die Menschen sind, die einen Glauben haben!"

4.3 Liturgische Ausgestaltung

Gestaltungselemente für einen Wortgottesdienst und eine Eucharistiefeier

Eröffnung
Im Namen des Vaters und des Sohnes und des Heiligen Geistes. Amen.
Der Herr der Herrlichkeit und Spender jeder Gnade sei mit euch!

Einleitung

Mit dem Fest der Taufe des Herrn endet heute der Weihnachtsfestkreis. So wie es Weihnachten nur von Ostern her gibt, ist auch unsere Taufe die Frucht des österlichen Lebensgeheimnisses Jesu. Wir leben aus dem Tod und der Auferstehung des Herrn. Daraus haben wir als Christen unsere Identität und Zuversicht, daß es gut wird mit unserem Leben; – mit dem neuen Jahr.

Was uns aber zuerst von Gott in der Taufe geschenkt worden ist, bedarf immer wieder der Vergegenwärtigung.

(kurze Stille)

Taufgedächtnis

Gebeteseinladung

In dieser Sehnsucht bitten wir den Herrn, daß er dieses Wasser segne, mit dem wir dann besprengt werden. Es soll uns an unsere Taufe erinnern. Gott erneuere in uns seine Gegenwart, damit wir dem Geist treu bleiben, der auf Jesus bei der Taufe im Jordan herabkam und den auch wir empfangen haben.

An dieser Stelle eignet sich ein zurückhaltendes instrumentales Orgel- bzw. Gitarrenspiel, in das hinein das folgende Segensgebet gesprochen werden kann. Als evtl. Orgeluntermalung wäre eine Improvisation über das Lied GL 249 bzw. eine Hinführung dazu geeignet. In dem hier gestalteten Kontext kann dieses Lied eine mystagogische Verbindung vom Geistgeschehen bei der Taufe Jesu zum eigenen Tauf- und Firmbewußtsein schaffen.

Segensgebet (Vgl. Meßbuch S. 1172)

Allmächtiger, ewiger Gott, du hast das Wasser geschaffen als Quell, aus dem das Leben kommt und als Element, das alles Unreine abwäscht. Durch das Wasser machst du unsere Sünden rein und schenkst uns das ewige Leben.

Segene + dieses Wasser, Herr, damit der Lebensstrom der Gnade heute, an deinem Tag, aufs neue in uns fließe. Dieses Wasser, das über uns ausgesprengt wird, umgebe uns wie ein Schutzwall. Es bewahre uns vor allem Bösen, damit wir mit reinem Herzen zu dir kommen können und dein Heil empfangen. Darum bitten wir durch Christus, unseren Herrn. Amen.

Zur Besprengung kann das Lied GL 249 gesungen werden.

Fürbitten

Herr Jesus Christus, du wurdest von Johannes im Jordan getauft, mit dem Geist erfüllt und vom Vater bestätigt. Mit dem gleichen Geist im Glauben getauft und doch im Leben angefochten, rufen wir zur dir:

– Laß deine Kirche in einer Zeit des Umbruchs ihre geistliche Identität neu in dir finden, die hilft, die Zeichen der Zeit zu verstehen und in der Treue zu deinem Evangelium zu wachsen.

– Erfülle alle, die du berufen hast, deinen Gemeinden vorzustehen, mit einer frohen Glaubensgewißheit, die um deine Vorsehung weiß und Gelassenheit schenkt, wo menschliche Ungeduld Verwirrung stiftet.

– Wecke in den erwachsenen Taufbewerbern die Freude auf Ostern und entflamme durch ihren Weg der Taufvorbereitung auch in jenen Getauften wieder das österliche Licht, die es nicht mehr in ihren Herzen spüren.

– Entzünde in den Kindern, die getauft werden, aber wenig Aussicht haben, im Glauben aufzuwachsen, eine Sehnsucht, die zu dir führt und sie Heimat in deiner Kirche finden läßt.

– Sei du das Leben für alle, die auf deinen Tod hin getauft sind und die als Opfer der Kriege ... (Hier können aktuelle Konflikt- und Notsituationen eingefügt werden.) alles verloren haben: ihr Selbstwertgefühl, – Verwandte und Freunde, – das eigene Leben.

Denn du, Herr, bist uns näher als wir uns selber nahe sein können. Sei du unsere Freiheit, unsere Sicherheit und unsere Ehre, in der Kraft deines Geistes. Amen.

Ankündigung der Feste des Kirchenjahres in Verbindung mit dem Schlußsegen

Der theologische Zusammenhang von Erscheinung und Taufe des Herrn legt es nahe, den liturgischen Brauch, am Epiphaniefest den Festzyklus des Kirchenjahres mit den jeweils konkreten Kalenderdaten feierlich anzukündigen, alternativ auch am Fest der Taufe des Herrn vorzunehmen. Gerade dort, wo das Epiphaniefest auf einen Wochentag fällt, scheint es sinnvoll, in der größeren Gottesdienstgemeinde des Sonntags diese Festankündigung als österliche Perspektive auf das noch neue Kalenderjahr aufzutun. Vom Ende des Weihnachtsfestkreises so auf Ostern als das herausragende Festgeheimnis des Kirchenjahres zu schauen und von dort den Bogen wieder zum Advent zu spannen, kann so zu einer mystagogischen Entfaltung werden. Sie macht deutlich, daß das Kirchenjahr keine Aneinanderreihung von Festen ist, sondern daß es eine innere Dynamik gibt, die alle Feiern verbindet und die Feiernden in Bewegung bringen will.

Nach der Schlußoration singt der Diakon bzw. ein Kantor (ggf. Lektor):

Am heutigen Tage, liebe Schwestern und Brüder, ist in der Taufe unseres Herrn die Herrlichkeit Christi erschienen; sie wohnt unter uns, bis er wiederkommt und erhellt unser ganzes Leben.

Nach dem Fest seiner Geburt, seiner Erscheinung und Taufe schauen wir aus nach der höchsten Feier des Jahres: Den drei Tagen seiner Kreuzigung, seiner Ruhe im Grabe und seiner Auferstehung von den Toten.

Darum künde ich euch als erstes das Fest aller Feste an: den heiligen Ostertag am (Datum) dieses Jahres, an dem wir die Auferstehung unseres Herrn und Erlösers in jubelnder Freude feiern.

Damit auch wir mit ihm auferstehn, begehen wir vor Ostern die vierzig Tage
der Buße; sie beginnen am (Datum) dieses Jahres mit der Feier des Ascher-
mittwochs.
Nach dem Hochfest der Erlösung schenkt uns der Herr die fünfzig Tage der
Osterzeit: Am (Datum) das Fest seiner Himmelfahrt, und am (Datum) das
Hohe Pfingstfest, an dem der Heilige Geist herabkam auf seine Jünger.
Die Kirche erwartet voll Hoffnung die glorreiche Wiederkunft Christi; sie
beginnt am (Datum) die Adventszeit und bereitet sich vor auf sein Kommen:
Ihm gebührt alle Herrlichkeit und Ehre, jetzt und von Ewigkeit zu Ewigkeit.

(Quellen- und Bezugsangaben: T.: Missale Romano ²1983, Übertragung Karl Amon 1985/
Christof Emanuel Hahn 1985; M.: Invitatorium des Exultet (1-2.3b.4b), Unterlegung Christof
Emanuel Hahn 1985/1993;
Überarbeitung und Bezug: H.-G. Freimuth, Domplatz 28, 48143 Münster)

5 Pastorale Perspektiven

Die biblische, homiletische und liturgische Entfaltung der Taufe und ihrer
Erinnerung innerhalb des Weihnachtsfestkreises hat aufmerksam gemacht
für die tiefere österliche Dimension, die auch in dieser Zeit des Kirchenjahres enthalten ist. Gleichzeitig ist die Schwierigkeit deutlich geworden, in
den geprägten Symbolen der Advents- und Weihnachtszeit dieses österliche
Fundament so zu erschließen, daß es nicht zu einer Überfremdung der
spezifischen Zeichen und Symbolhandlungen dieser Zeit kommt. Andererseits ist das konsequente Bemühen um eine auch den Weihnachtsfestkreis
durchdringende bzw. von dort inspirierte Tauferinnerung ein spirituell und
pastoralliturgisch unverzichtbarer Beitrag, um ein wirkliches österliches
Glaubensbewußtsein in jedem Getauften und als Gemeinde aller Getauften
auszuprägen. Taufbewußtsein und die Feier der Tauferinnerung sind keine
saisonale Angelegenheit des Kirchenjahres, die nur in der Osterzeit zum
Thema werden sollen. Die Feier der Tauferinnerung kann im Sinn der vor-
angehend aufgezeigten mystagogischen Schritte und Erschließungen gerade
innerhalb des Weihnachtsfestkreises das unterscheidend Christliche insofern
herausschälen, als christliche Identität sich nicht auf jene Symbolwelten
reduzieren läßt, die während dieser Zeit in Schaufensterauslagen oberfläch-
lich eine weihnachtliche Stimmung erzeugen wollen. Erst wo die adventlichen und weihnachtlichen Symbole auf die Taufwirklichkeit des Christen
hin geöffnet werden und die Stimmungen, Sehnsüchte und Verwundungen,
die diese Zeit mehr als andere Zeiten des Jahres freisetzt, in das Bewußtsein
der eigenen Taufe eingetaucht werden, wird der Glaube mystagogisch. Die
Erfahrung, daß die eigene Taufe alle Facetten des Lebens umfängt, teilt sich
erst mit, wo sie in der Liturgie so begangen wird, daß sie im Alltag immer
wieder erinnert werden kann. Mit seiner ausgeprägten Symbolwelt in
Zeichen und Liedern bietet der Weihnachtsfestkreis viele Anknüpfungs-

punkte für die Einübung einer mystagogischen Liturgie, Spiritualität und Pastoral. Manche der hier genannten praktischen Anregungen wird in Gruppengottesdiensten eher vermittelbar sein und über die so gewonnenen Träger mystagogischer Erfahrungen in die größere Gemeinde Eingang finden können. In der Feier von Weihnachten das österliche Licht zu entflammen, ist damit nicht als pastorale Strategie machbar. Es braucht Zeit, bedarf eines Prozesses und sich wiederholender Symbolhandlungen, damit sich Erfahrungen vertiefen können. Es bedarf der Worte aber nicht im erklärenden, sondern im einladenden und vertiefenden Sinn, die dann wie „Herbergen sind, in denen man sich unterstellen kann" (Nelly Sachs) mit der eigenen Lebenswirklichkeit.

C Taufgedächtnis an den Orten der Versammlung zum Heil

I Zu besonderen Anlässen *(Franz Schneider)*

1 Jahresgedächtnis der Kirchweihe (Kirchweihfest)

1.1 Pastorale Ausgangssituation

1.1.1 Kirchweihfest – Kirmes – Gemeindefest

Liturgisch wird das Kirchweihfest einer Kirche am Jahrestag ihrer Weihe - wo dieser nicht bekannt ist, an einem für das Bistum gemeinsamen Tag – als Hochfest gefeiert. Außerliturgisch ist die gottesdienstliche Feier vor allem in volkskirchlicher Umgebung oft mit einem der beliebtesten Volksfeste verbunden, der „Kirmes" („Kirta", „Kerb", „Kirbe" o.ä.). Diese stellt im Brauchtum häufig für die betreffende Ortschaft das Hauptfest des Jahres dar und wird traditionell mit örtlich verschiedenen Bräuchen wie Umzügen, Jahrmarkt, Tanz u.ä. gefeiert, nicht zuletzt auch als Familien- und „Sippenfest" mit entsprechenden Formen der Gastfreundschaft. Nicht selten hat sich diese äußere Kirmesfeier so verselbstständigt, daß sie auch dort noch fortbesteht, wo z. B. in evangelischer Umgebung oder in säkularisiertem Milieu die gottesdienstliche Feier keine Rolle mehr spielt. In katholischer Umwelt kann der Eindruck entstanden sein, daß die liturgische Feier schmückendes Beiwerk und religiöse Zutat zum weltlichen Feiern sei. Damit wären die ursprünglichen Zusammenhänge auf den Kopf gestellt, denn die Kirmes ist im frühen Mittelalter aus dem Kirchweihfest herausgewachsen, und zwar auf Grund des Zulaufs, den die kirchliche Feier fand und der auf ihre damalige Bedeutung in der Mentalität des Gläubigen hinweist. Es wäre dann heute eine pastoralliturgische Aufgabe, welche beiden Formen des Feierns dienen könnte, die ursprünglichen Zusammenhänge von Kirchweih- und Gemeindefest wieder deutlicher zu machen. Inwiefern der theologische Rückgriff auf die Taufe dazu geeignet scheint, soll im folgenden kurz aufgezeigt werden.

1.1.2 Die Taufe als Grundlage christlicher Gemeinschaft

Die Gottesdienstgemeinde am Kirchweihfest wird oft – vor allem dort, wo die genannte Verbindung von Kirchweihfest und Kirmes gegeben ist – größer und „bunter" sein als gewohnt, auch konfessionell gemischt. Da in der evangelischen Praxis die Weihe des Kirchengebäudes kaum eine Rolle spielt, empfiehlt es sich, in der Verkündigung auf einen größeren gemeinsamen Nenner zurückzugreifen, und das ist in diesem Falle die Taufe. Auch für die kirchlich Distanzierten ist sie weithin (noch) ein Fixum in ihrer Biographie. Im Hinblick auf beteiligte Nichtgetaufte ergibt sich die Möglichkeit, sie auf diese Quelle christlicher Gemeinschaft und gemeinsamen Feierns

hinzuweisen. Dabei braucht und soll der unmittelbare Anlaß „Kirchweihfest" nicht übersprungen und ausgeklammert werden. Sowohl die Weihe
einer Kirche wie auch die Texte des Jahresgedächtnisses lassen deutliche
theologische Verbindungslinien zwischen Taufe, Kirchenraum, Gemeinde
und Zusammenleben erkennen. Wenn sie aufgezeigt werden, wäre die liturgische Feier eine Chance, dem gesamten Fest und auch dem darüber hinaus-
gehenden Zusammenleben christliche Impulse zu vermitteln.

1.2 Biblische Orientierung

Schriftlesungen für das Jahresgedächtnis der Kirchweihe finden sich in allen
drei Bänden des Meßlektionars für die Sonn- und Festtage, jeweils am Ende
des Bandes. Von den dort vorgegebenen 16 Perikopen entsprechen unserer
Thematik Taufe – Kirchenraum – Gemeinde am ehesten die drei folgenden.

1.2.1 Ez 47,1–2.8–9.12: Die Tempelquelle und der Lebensstrom

In einer Zeit ökologischer Sensibilität dürfte die Vision des Propheten
Ezechiel den Hörer unmittelbar ansprechen: Auf der Höhe des Tempel-
berges in Jerusalem, in wasserloser Lage, entspringt eine Quelle, nimmt
in ihrem Lauf wie von selbst zu (Vgl. die ausgesparten VV. 3–5: knie-,
knöchel-, hüft-, flußtief) und wird zum Strom. Er fließt durch die Wüste
Juda und mündet in das Tote Meer. In seinem Wasser tummeln sich Fische,
und an seinen Ufern gedeihen alle Arten von fruchttragenden Obstbäumen.
Er „heilt" das todbringende Wasser des Salzmeeres: „Die Wüste wird zum
blühenden Garten, das Tote Meer zum Lebensraum" (H. F. Fuhs).
Theologischer Hintergrund für diese Vision ist die Rückkehr Jahwes in den
neuerbauten Tempel. (Ez 43,1–9; 44,1f): Der Ort seiner Gegenwart wird
zum Quellort reichen und heilsamen Segens.
Motive aus dieser Vision klingen im Neuen Testament weiter: Im Johannesevangelium ist Jesus Christus der wahre Tempel (Joh 2,19; s.u.), von dem
Ströme lebendigen Wassers ausgehen (Joh 7,38; 19,34). In der Apokalypse
geht der lebenspendende Strom vom Throne Gottes und des Lammes
aus und läßt das neue Jerusalem zu einem paradiesischen Garten werden
(Offb 22,1f). Die „Heilung der Völker", die er vermittelt, meint hier das
endgültige Heil der neuen Welt Gottes, denn in ihr *„wird der Tod nicht mehr
sein, keine Trauer, keine Klage, keine Mühsal"* (Offb 21,4).
In der Liturgie wird das sonntägliche Taufgedächtnis (Asperges) in der
Osterzeit von der Antiphon „Vidi aquam" begleitet – einer Kurzfassung aus
Ez 47: *„Ich sah ein Wasser ausgehen vom Tempel … Und alle, zu denen das
Wasser kam, wurden gerettet, und sie werden rufen: Halleluja."* (Meßbuch,
Anhang I; GL 424,2 und Chorbuch Nr. 424; leider bisher ohne eine entspre-
chende Vertonung des deutschen Textes.) Dieser Gesang und das Bespren-
gen mit Oster- bzw. Weihwasser drücken aus, daß die Gemeinde der Getauf-

ten von dem heilsamen und heilbringenden Lebensstrom lebt, der die Heils-geschichte durchzieht. Während das Lektionar die besprochene Perikope dem Jahresgedächtnis einer Kirchweihe „außerhalb der Osterzeit" zuweist, scheint bei den aufgezeigten Zusammenhängen ihre Verwendung gerade auch innerhalb dieser Zeit sinnvoll.

1.2.2 1 Petr 2,4–9: Getaufte als lebendige Steine des Hauses Gottes

Diese Perikope – „Dreh- und Angelpunkt des ganzen Briefes" (H. Franke-mölle) – lädt Neuchristen („*neugeborene Kinder*": 1 Petr 2,2) ein, sich als „lebendige Steine" in das „geistige Haus" der Kirche einfügen zu lassen. In ihr lebt die Verheißung Gottes weiter, die dem (zerstörten) Tempel des Ersten Bundes galt (s. o.), allerdings in transformierter Weise, die in unge-wöhnlicher Bildsprache ausgedrückt wird. Die paradoxe Rede von den „lebendigen Steinen" beruht auf dem Paradox des Eck- und Grundsteins Christus, des zugleich „Verworfenen und Auferstandenen" (W. Schrage). M. a. W.: Die Getauften, die sich Christus angliedern lassen, partizipieren am Paschamysterium, an Christi Leiden (1 Petr 4,13), an seinem Sterben und an seinem neuen Leben.

„Gotteshaus" ist hier die lebendige Wirklichkeit der Gemeinde. Jeder Getaufte hat in ihr als Baustein eine unvertretbare Bedeutung. Im Leben mit der Gemeinde – gottesdienstlich und außerliturgisch – vollzieht sich der neue Gottesdienst, werden Gott „geistige Opfer" dargebracht (Lob, Bitte, Buße; letztlich das Opfer der gesamten Existenz; Vgl. Röm 12,1; Phil 4,18). Lebendige Gemeinde hat Teil an der Würde des *gemeinsamen* Priestertums. Nur gemeinsam realisieren wir die Taufe wirklich und verkünden wir in der Welt die „*großen Taten Gottes*", die wir selber erfahren haben in der eige-nen Berufung „*aus der Finsternis in sein wunderbares Licht*" (1 Petr 2,9).

1.2.3 Joh 2,13–22 (Tempelreinigung): Er meinte den Tempel seines Leibes

In der hier vorgeschlagenen Perikopenauswahl bildet dieses Evangelium ein theologisches Bindeglied zwischen den beiden Lesungen: Die Zeichenhand-lung der Tempelreinigung stellt in der johanneischen Fassung nicht nur eine Kritik am veräußerlichten Kult dar. Jesu Worte vom Niederreißen und Wie-deraufrichten des Tempels und ihre Deutung „*Er aber meinte den Tempel seines Leibes*" (V. 19 u. 21) weisen über Tod und Auferstehung Jesu hinaus in die Zeit der Kirche. In der Einheit mit dem erhöhten Herrn ist sie der ‚Ort' der Gottesanbetung …; mit ihm und in ihm bricht die wahre Zeit der Gottesverehrung ‚in Geist und Wahrheit' an (Joh 4,23). Sein Leib ist der Quell der Lebensströme (Joh 19,34; auch schon Joh 7,38), seine Person der Weinstock, aus dessen Lebenskraft die Jünger wirken und Früchte bringen (Joh 15,4–8)" (R. Schnackenburg). Der Auferstehungsleib Christi und die ihm eingegliederten Glaubenden und Getauften bilden den neuen, geistigen Tempel aus lebendigen Steinen (Vgl. o. 1 Petr 2).

1.3 Homiletische Erschließung

1.3.1 Vorbemerkung

In den vorgeschlagenen Lesungen begegnen wir einer Reihe verschiedener Bilder und einer (beabsichtigten!) Mehrdeutigkeit der Bilder und Aussagen: Tempel – Quelle – Lebensstrom – lebendige Steine – geistiger Bau – geistige Opfer – Tempel des Leibes Christi .... Der Prediger wird entscheiden, welche auf Grund der Gottesdienst- und Gemeindesituation in den Vordergrund treten. Die Bilderkomplexe können dabei durchaus miteinander verbunden werden, ähnlich wie oft in moderner Malerei, Dichtung und Filmkunst verschiedenartige Bilder und Symbole ineinander übergehen und einander ergänzen.

1.3.2 Gedanken zur Ansprache

Kirchen sind nach wie vor in unseren Ortschaften (die) Anziehungspunkte für Touristen, Urlauber und Gäste. Auch Mitmenschen, die sonst mit Kirche und Christentum wenig im Sinn haben, wissen sie bei entsprechender Gelegenheit zu schätzen: als Kunstwerke, als Oasen im Trubel des Lebens oder auch als Berührungspunkte mit einer „irgendwie anderen Welt".

Am Kirchweihfest kommt die Bestimmung unserer Kirche deutlicher zur Sprache. Sie ist „Haus Gottes" und „Haus der Gemeinde", beides in einer engen wechselseitigen Beziehung: In ihr versammelt Gott die pilgernde Kirche, um ihr die Gabe seiner Gemeinschaft zu schenken (Präfation).

Wenn die Steine dieses Hauses sprechen könnten, wüßten sie unendlich viel zu erzählen, was diese doppelte Gemeinschaft – mit Gott und untereinander – Generationen von Menschen vor uns bedeutet hat: in Kriegs- und Friedenszeiten; als neue Heimat in der Fremde; in der persönlichen Biographie und in der Familiengeschichte, bei „Hochzeiten" und an Tiefpunkten des Lebens ....

Aber deutlicher als tote Steine sprechen lebendige Menschen. Für sie wählt die Zweite Lesung das paradoxe Bild von den „lebendigen Steinen". Es sind die Getauften, die sich zu einem „geisterfüllten Haus" aufbauen lassen. Jeder hat darin seine unvertretbare Bedeutung. Aber er hat sie nur in einer lebendigen Beziehung zum Ganzen. Kirche ist, modern gesprochen, Kommunikationsgeschehen: Brückenschlag, Kontakt, Tuchfühlung, Austausch, Freude an-einander, Hilfe für-einander, Aushalten von Spannungen miteinander. Solches Leben in lebendiger Verbundenheit spricht deutlicher als steinerne Denkmäler, weil es für unser Leben bedeutsamer ist.

Grundstein ist in diesem Bilde Jesus Christus, der „von den Menschen verworfen, aber von Gott auserwählt worden ist": der Gekreuzigte und Auferstandene. Aus seinem Geist und Leben existiert Kirche. Sie ist die Gemeinschaft derer, die auf ihn hören und ihm angehören und so (mit den Schlußsätzen des Evangeliums) der „Tempel seines Leibes". Denn „durch *den einen Geist wurden wir in der Taufe alle in einen einzigen Leib aufge-nommen, Juden und Griechen, Sklaven und Freie"* (1 Kor 11,13). Heute würde der Apostel andere Gruppierungen nennen, die der eine Geist zu einem Leib verbindet.

Von diesem lebendigen Leib kann und soll – in einem noch einmal wech-selnden Bild – ein Strom belebenden und heilsamen Wassers ausgehen (Erste Lesung). Er kann die Wüsten unserer Welt und unseres Lebens zum Grünen und Blühen bringen, und er kann das, was tot ist wie das Tote Meer, zu einem Lebensraum werden lassen. Gemeinsam können wir der Welt etwas von dem vermitteln, wonach sie sich sehnt: Frieden, Gerechtigkeit, Bewahrung der Schöpfung …. Die Feier dieses Gemeinde- und Familien-festes soll etwas davon spüren lassen. Im Alltag will es sich bewähren.

1.4 Liturgische Ausgestaltung

Wenn die oben vorausgesetzte erweiterte Zusammensetzung der Gottes-dienstgemeinde gegeben ist, wird das *Wort zur Eröffnung* nicht nur die Pfarrgemeinde differenzierter als sonst ansprechen (mit ihren Gruppen und Vereinen, …), sondern auch Gäste, eventuelle Vertreter von Partnergemein-den u.ä. ausdrücklich begrüßen. Unter Umständen kann die Aufforderung angebracht sein, sich kurz mit den nächststehenden Teilnehmern bekannt zu machen und zu begrüßen. Ein kurzer Hinweis auf „die Mitte, die uns zusammenführt" kann dann zur *Kyrie-Litanei* hinführen (z. B. GL 495,6).

Zur angegebenen alttestamentlichen Lesung schlägt das Lektionar als *Antwortpsalm* Ps 122 vor (z. B. mit Kehrvers GL 526,1: „Wir sind Gottes Volk und ziehn zum Haus des Vaters"). An anderer Stelle ist Ez 47 verbun-den mit Ps 46,2–6.8–9 und als Kehrvers vorgeschlagen GL 535,6: „Der Herr ist mein Hirt; er führt mich an Wasser des Lebens."

Im Rahmen der gegebenen Thematik könnte ein zeichenhaftes *Taufgedächt-nis* in den Gottesdienst eingefügt werden, und zwar in Form des weithin ver-nachlässigten sonntäglichen Asperges, aber in unserem Fall im Anschluß an die Homilie, wenn es durch diese inhaltlich vorbereitet ist (vgl. o. zu Ez 47, letzter Abs.). Es braucht dann nur eine kurze Hinfüh-rung zur Einheit von Credo und Asperges (z. B. auf der Grundlage von 1 Kor 11,13: *„Auf Grund des Glaubens und durch die Taufe wurden wir alle in einen einzigen Leib aufgenommen…"*). Wenn die Gesänge „Vidi aquam" oder „Asperge me, Domine" nicht bekannt sind, können andere Gesänge das Besprengen der Gemeinde mit Weihwasser begleiten, z. B. GL 635: „Ich bin getauft und Gott geweiht"; oder GL 637: „Laßt uns loben, freudig loben."

Die *Fürbitten* können – situationsgemäß ausformuliert – beispielsweise fol-gende Kreise und Anliegen umfassen:

– Die Ortsgemeinde in ihrer konkreten Zusammensetzung (Männer und Frauen, Junge und Alte; Ansässige und Hinzuziehende …); daß sie alle ihre Berufung erkennen und wahrnehmen.

– Die getauften Brüder und Schwestern in den verschiedenen Konfessionen und Kirchen; daß sie in Liebe zusammenarbeiten und zur Einheit zusammenfinden.

– Die gesamte Christenheit; daß sie trotz ihrer menschlichen Schwächen ein Zeichen des Heils und der Hoffnung für die vielen sei.

– Menschen, die nach Sinngebung und Orientierung dürsten; daß sie zu den Quellen erfüllten Lebens finden.

– Alle, die in dieser Kirche das Wort Gottes hören und darauf antworten; daß sie daraus Kraft für ihr Leben schöpfen und ein Segen für andere werden.

Der *Friedensgruß* dürfte in dieser Feier nicht unterbleiben. Wenn er einem Teil der Teilnehmenden nicht vertraut ist, müßte kurz angegeben werden, in welcher Form er ausgedrückt werden kann.

Als *Gesänge* im Rahmen der Meßfeier empfehlen sich Lieder von der Kirche, z. B.:
– GL 640: „Gott ruft sein Volk zusammen"
– GL 474: „Nun jauchzt dem Herren alle Welt"
– GL 635: „Ich bin getauft und Gott geweiht"
– GL 637: „Laßt uns loben, freudig loben"
– GL 638: „Nun singe Lob, du Christenheit"
– GL 642: „Eine große Stadt ersteht"
Insgesamt wird man bei der musikalischen Vorbereitung und Gestaltung beachten, daß der Chor nicht zugunsten einer falsch verstandenen „Feierlichkeit" den Gemeindegesang verdrängt, sondern ihm nach den geltenden Regeln dient.

1.5 Pastorale Perspektiven

Wenn die eingangs genannte Verknüpfung von gottesdienstlicher Feier und Gemeindefest nicht gegeben ist, empfiehlt es sich, das Kirchweihfest im Rahmen der Pfarrgemeinde als einen Tag des Zusammenbleibens über den Gottesdienst hinaus anzuregen und zu gestalten – sei es, daß ein Zusammenbleiben mit Gespräch und Spiel, Essen und Trinken auf dem Pfarrgrundstück möglich ist oder daß sich die Gemeinde nachmittags zu einem Gemeindefest trifft.

Diasporagemeinden mit kleinen Außenstationen, in denen entsprechende Traditionen nicht vorhanden waren, haben es in den vergangenen Jahrzehnten als „Sitz im Leben" für eine solche „statio parochiae" (wie sonst auch am Fronleichnamssonntag üblich) entdeckt und eingeführt. In einem größeren Rahmen fand es der Verfasser bei einem Besuch in einer Stadtgemeinde in Nordrhein-Westfalen vor, wo eine Vielzahl von Gruppierungen und Gemeinschaften (Kindergruppen, „Aktion 365", Kolpingsverein, KAB, Frauengemeinschaft usw.) etwas zum „Fest rings um den Kirchturm" beitrugen. Sein Bild von dieser Gemeinde bleibt von diesem Eindruck bestimmt. Auf längere Sicht ist auch in den entsprechenden Gremien zu überdenken, ob der Taufort innerhalb des Kirchengebäudes seiner Bestimmung als Quellort christlichen Gemeindelebens entspricht (Vgl. Leitlinien für den Bau und die Ausgestaltung von gottesdienstlichen Räumen, hrsg. von der Liturgie-Kommission der Deutschen Bischofskonferenz. Bonn 1989, und den Beitrag von Franz-Peter Tebartz-van Elst in diesem Band, S. 131ff).

2 Ehejubiläum (Silberne Hochzeit)

2.1 Pastorale Ausgangssituation

Ehejubiläen als Feiern durchgehaltener Liebe und Treue erhalten in unserer Zeit ihre besondere Bedeutung auf dem Hintergrund der heutigen Ehekrise. Während Theologie und Verkündigung dazu tendieren, die Gründe für das vielfache Scheitern von Ehen in sittlichem Versagen und Werteverfall zu sehen, sprechen Psychologen und Soziologen deutlicher von jenen Gründen, die im gesellschaftlichen Wandel liegen und als äußere Belastung dauerhafte Bindung erschweren. „Die Ehe zersetzt sich und stirbt an Überforderung" (E. Jaeggi/W. Hollstein, Wenn Ehen älter werden. München 1994, 34) – Überforderungen, die zurückgeführt werden auf den Verlust ihrer früheren ökonomischen Bedeutung für die Familienglieder, auf die Instabilität der Außenwelt, auf die gesteigerte und übersteigerte Glückserwartung an Partnerschaft und Liebe, welche die zunehmend wahrgenommene Gefährdung der Außenwelt kompensieren soll u.ä. – Trotzdem gilt weiterhin auch, daß die „Kunst des Liebens" zu wenig eingeübt und beherrscht wird, wie sie etwa Erich Fromm beschreibt (Die Kunst des Liebens. Frankfurt/M. 1980 u.ö.; ein Buch, das trotz der weltanschaulichen Position des Verfassers immer noch beachtenswert scheint und das wichtige Ursachen für Defizite und Fehlentwicklungen aufzeigt).

Gerade auf dem Hintergrund solch vielfacher Gefährdungen verdienen Ehejubiläen als Beispiele dauerhafter Partnerschaft und geglückter Ehe mehr pastorale Beachtung innerhalb der Gemeinden. Sie sind nicht nur eine Angelegenheit der betreffenden Familien und ihres Verwandten- und Freundeskreises. Gelingende Liebe und durchgehaltene Treue ist notwendige Ermutigung für andere, nicht zuletzt für jüngere Menschen. Ihre Feier gehört darum deutlich in das Blickfeld der Gemeinde. Das gilt in unserem Zusammenhang speziell für die Feier des 25jährigen Ehejubiläums. Im Alter dieser Eheleute ist eine Identifikation für verschiedene „Zielgruppen" unmittelbarer als bei der Goldenen Hochzeit gegeben: für gleichaltrige Freunde und Bekannte sowie für die Kinder des Jubelpaares und deren Freunde, die oft gerade in den Anfängen ihrer Ehe stehen.

Wenn im Rahmen dieser Veröffentlichung solche gelebte Ehe als Auswirkung und Erfahrung der Taufgnade dargestellt werden will, stoßen wir auf ein Defizit in der Theologie. Die inneren Zusammenhänge zwischen den Sakramenten der Eingliederung und den anderen Sakramenten sind in der Liturgie- und Sakramententheologie wenig bedacht; sie werden eher implizit vorausgesetzt als ausdrücklich behandelt. Hier besteht besonders im Hinblick auf die Ehe Nachholbedarf in der Verkündigung. Wenn diese eine Hilfe für die „Jubelpaare" selber sein soll, ihre Ehe gläubig zu reflektieren, werden sich dafür allerdings andere Termine und Formen empfehlen, als sie mit der Familienfeier gegeben sind, da bei dieser oft anderes die Betreffenden in Anspruch nimmt (Vgl. 5.). Aber bei Mitfeiernden – unter religiösem Aspekt ein breites Spektrum bei einem solchen Anlaß – könnten angesichts einer einigermaßen geglückten Ehe Einsichten über den Zusammenhang zwischen Getauftsein, Christsein und Ehe geweckt werden.

2.2 Biblische Orientierung

Die neutestamentliche Basis für eine christliche Theologie der Ehe ist nicht breit. Abgesehen von der Stellungnahme Jesu zur Dauerhaftigkeit und Unauflöslichkeit der Ehe in den Evangelien begegnen uns im Neuen Testament nur wenige ausdrückliche Aussagen über die Ehe (1 Kor 7: Ehelosigkeit und Ehe sowie Ehe mit Heiden; Eph 5,18–21 u. Kol 3,18–21: Ehe- und Familienparänese im Rahmen von Haustafeln; 1 Tim 3,4f.12 und Tit 1,6: „geordnete Ehe" in den Amtsspiegeln).

Schrifttexte, die gern für Trauungen gewählt werden, stammen meist aus einem anderen Themenzusammenhang, betreffen dort oft zunächst das (liebevolle, geduldige, versöhnliche …) Verhalten in der Gemeinde. Zum Beispiel will das beliebte „Hohelied der Liebe" (1 Kor 13) der rechten Ordnung der Charismen in der Gemeinde dienen (1 Kor 12 u. 14) und ist nur im übertragenen Sinne auch ein schöner Text von der ehelichen Liebe. Ähnliches gilt mutatis mutandis von vielen neutestamentlichen Perikopen zur Trauung (Meßlektionar Bd. II, S. 271–318), aus denen auch die Lesungen bei einem Ehejubiläum ausgewählt werden können (Ebd., S. 318).

Die hier gefragten tieferen Dimensionen der Ehe und ihr Zusammenhang mit der Taufe kommen ausgerechnet in einer Perikope zur Sprache, die heute gemieden wird: Eph 5,1–2a.21–33. Man möchte sie offensichtlich heutigen Menschen nicht zumuten, weil darin scheinbar die Unterordnung der Frau unter den Mann festgeschrieben wird. Ein näheres Hinsehen kann uns eines Besseren belehren. Es empfiehlt sich nicht, die Kurzfassung zu wählen, welche die scheinbar anstößigen, in Wirklichkeit entscheidenden VV. 21–24 ausläßt. Eher könnte man die VV. 28–30 aussparen.

2.2.1 Eph 5,1–2a.21–33: Ehe – „ein tiefes Geheimnis" (Meßlektionar Bd. VII, S. 297f)

Im vorkonziliaren Missale war diese Stelle die einzige Epistel, die für eine „Brautmesse" vorgesehen war. In der Sakramententheologie spielt ihre Auslegung nach wie vor eine wichtige Rolle bei der Frage der Sakramentalität der Ehe. In der heutigen Praxis entscheidet man sich aber aus den genannten Gründen meist für einen anderen Text.

Aber gerade für die Feier eines Ehejubiläums bietet dieser unbequeme Text eine Art Mystagogie, die von Tiefenschichten des Mysteriums Ehe spricht, welche angesichts eines längeren gemeinsamen Lebens- und Glaubensweges evidenter werden als am Beginn einer Ehe.

Die Lesung steht im Kontext einer Taufparänese. Sie ist (mit den dazwischenliegenden Passagen) abhängig von Eph 4,24 u. 5,8: *„Zieht den neuen Menschen an!"* und *„Lebt als Kinder des Lichts!"* und konkretisiert diese Aufforderungen für das Leben in der Ehe (im Anschluß auch für den ganzen Bereich der Großfamilie: 6,1–9). Die neue, lichte Existenz besteht darin, die erfahrene Liebe Gottes – anschaulich geworden am Beispiel Christi und erfahren in der Taufe – untereinander zu leben (5,1f).

Für den Bereich der Familie bedeutet das nach Eph 5,21 *„gegenseitige* Unterordnung aus Ehrfurcht vor dem im Mitmenschen gegenwärtigen Christus" (J. Pfammatter) – eine zuvorkommende, dienende Grundhaltung, mit der sich alle (!) in der Großfamilie begegnen sollen. Unter diesem Leitmotiv steht das Verhältnis Mann – Frau (ebenso wie in Eph 6,1–9 das Verhältnis Eltern – Kinder und Sklaven – Herren).

Der Stein des Anstoßes – die zeitgebundene einseitige Unterordnung der Frau unter den Mann – wird unter einem solchen Grund-Satz nicht zementiert, sondern aufgebrochen. Noch stärker wird die alte Ordnung überholt durch die Parallelisierung der Ehe mit dem Verhältnis Christus – Kirche: Der Mann ist zwar „das Haupt der Frau", aber so wie Christus das Haupt der Kirche ist, nämlich in zuvorkommender Liebe bis zur Lebenshingabe (V. 25). Das Verhalten der Frau soll von vornherein von äußerster Liebe und Sorge des Mannes unterfangen sein. Solche Liebe (Agape) gegenüber der Frau ist auf antikem Hintergrund „etwas ganz und gar nicht Selbstverständliches, sondern etwas schlechthin Unerhörtes" (W. Schrage). In der Wechselseitigkeit dieses Verhältnisses von Mann und Frau „wird von *beiden* das Äußerste verlangt, immer in der Perspektive, die sich von Christus und Kirche her ergibt" (R. Schnackenburg).

Derartige, den Menschen (über)fordernde Liebe wird möglich aus zuvor empfangener Liebe heraus. Sie erwächst aus Beispiel und Teilhabe an der Lebens- und Todeshingabe Christi für uns. Sie wird vermittelt durch das

Wort und Wasser der Taufe (V. 25f), die „Brautbad der Kirche" ist (O. Casel). Teilhabe an solcher Liebe dient einer „Kosmetik" besonderer Art: jugendlicher Frische und Schönheit, die auf sittlicher Schönheit und Makellosigkeit beruht (V. 26f). Was viele an „der Kirche" vermissen, kann und soll in christlich gelebter Ehe aufscheinen. Sie kann etwas von der „heiligen Hochzeit" Christi mit der Kirche erahnen lassen und so einführen in das „tiefe Geheimnis (‚Mysterium')" (V. 32), in das alle Getauften einbezogen sind.

2.2.2 Joh 15,9–12: Bleibt in meiner Liebe!

(Meßlektionar Bd. VII, S. 315f)
Der Gedankengang dieses Evangeliums aus den Abschiedsreden Jesu entspricht dem der vorgeschlagenen Lesung: „*Wie mich der Vater geliebt hat, so habe ich euch geliebt. Bleibt in meiner Liebe... , damit eure Freude vollkommen wird.*" Ein ausdrücklicher Bezug zu Taufe und Ehe ist nicht gegeben. Zu letzterer wird er sich beim Hörer in der vorausgesetzten Situation von selber einstellen.

2.3 Homiletische Erschließung

2.3.1 Vorbemerkung

Bei der folgenden Predigtanregung wird versucht, die Aussagen der Lesung „induktiv" zu erschließen und vom Anschauungsbeispiel christlich gelebter Ehe zu ihren Tiefenschichten und Quellen zu führen. Dieser Weg hat vor allem solche Gottesdienstteilnehmer im Blick, bei denen ein unmittelbarer Zugang zu den anspruchsvollen biblischen Grundlagen nicht vorausgesetzt werden kann. Bei einer einigermaßen homogen christlichen Feiergemeinde ist auch ein direkterer Ausgang von Eph 5 möglich.

2.3.2 Gedanken zur Ansprache

Dankbarer Rückblick...
Die Feier einer Silbernen Hochzeit ist für alle, die sie miterleben und mitfeiern, dankbarer Rückblick auf 25 gemeinsame Jahre: heute besonders für Sie, liebes Ehepaar N. Sie selber wissen sehr konkret, was Sie sich gegenseitig verdanken und was wir hier mit kurzen, aber kostbaren Worten zusammenfassen müssen: Freude und Halt aneinander, Verständnis und Sorge füreinander, Vertrauen aufeinander – mit einem Wort: Liebe zueinander. Ihre Kinder, Verwandten, Freunde und unsere Pfarrgemeinde versuchen, es in diesen Tagen auf ihre Weise auszudrücken, was sie an Ihnen schätzen und Ihnen verdanken.
Solcher wechselseitiger Dank könnte schon reichlich genügen, um ein Jubiläum zu feiern. Aber Sie feiern es in einem Gottesdienst, der von seinem Namen her „Eucharistie" ist: Dank an Gott. Sie wissen darum, daß das,

was bisher Ihre Ehe ausmachte, nicht selbstverständlich ist, sondern Geschenk, ja ein „Wunder".

... auf ein Wunder

Greifen wir mit einem solchen Wort nicht zu hoch? Lassen wir es einen Wissenschaftler sagen, dem es in seinem Fachgebiet, der Soziologie, um nüchterne Erklärung menschlichen Zusammenlebens ging und der von der Ehe schrieb: „Daß zwei so grundverschiedene Wesen wie Mann und Frau eine derartige enge Vereinigung bilden; daß der Egoismus des Einzelnen so gründlich aufgehoben wird (zugunsten von Ehe und Familie und Gesellschaft) – das ist eigentlich ein Wunder" (Georg Simmel). Dichter und Liebende haben es zu allen Zeiten auf ihre Weise gesagt. In unserer Zeit dürfen wir es um so deutlicher aussprechen. Die hohe Zahl von Eheproblemen, Trennungen und Scheidungen läßt durchgehaltene Liebe und Treue zunehmend als das Unwahrscheinliche, Außergewöhnliche erscheinen. Man mag die Gründe dafür mehr in menschlichen Schwächen oder in äußeren Entwicklungen sehen – das Beispiel von Ehen, die gegen den Trend Bestand haben, ist etwas, worüber wir uns im besten Sinne des Wortes „wundern" dürfen. Sie weisen über sich hinaus auf tiefere Quellen, auf ihr besonderes „Geheimnis".

Ein tiefes Geheimnis

Das Wort vom „tiefen Geheimnis" christlicher Ehe stand am Ende der Lesung, die wir gehört haben. Wir wollen ihm etwas nachgehen.

Es hat sicher manche befremdet oder geärgert, daß wir diesen Text gewählt haben, der äußerst unzeitgemäß scheint und gleich zweimal sagte: „Ihr Frauen, ordnet euch euren Männern unter!" Es ist vielleicht die Ordnung des Altertums, daß „der Mann das Haupt der Frau" ist, aber solche Ansichten sind doch heute unzumutbar und änderungsbedürftig?! Das sind sie auch schon für den Verfasser des Briefes! Wir haben möglicherweise Entscheidendes überhört, nämlich das kurze „wie Christus": *So* wie Christus das Haupt der Kirche ist, so soll der christliche Mann das Haupt seiner Frau sein: in zuvorkommender Liebe bis zur Lebens- und Todeshingabe (V. 25). Das war für die damalige Zeit etwas schlechthin Revolutionäres, eine „kopernikanische Wende" in der Sicht der Ehe. Und die „Unterordnung der Frau"? Sie steht unter dem Grund-Satz, der wie eine Überschrift über dem Ganzen steht: „Einer – ein jeder! – ordne sich dem anderen unter in der gemeinsamen Ehrfurcht vor Christus": *Gegenseitige Zuwendung* in Ehrfurcht vor dem Wert und der Würde des anderen ist das Leitmotiv der Ehe und Familie, die sich an Christus ausrichten möchte. Sie lebt aus der zuvorkommenden Liebe des jeweils anderen.

Aus dem Quell der Taufe

Ernst genommen überfordert eine solche Sicht einen jeden und beide Ehe-
partner zusammen. Woher lebt eine christliche Ehe? Aus welcher Quelle
wird sie gespeist und im Laufe des Lebens vor der Austrocknung bewahrt?
Was immer wir/Sie NN. darauf antworten würden (der Glaube, der Gottesdienst, das Gebet …) – die Lesung weist uns auf eine Quelle hin, die alle-
dem in unserem Leben vorausgeht und zugrunde liegt: die Taufe. Sie wird
uns als eine Art „Jungbrunnen" vorgestellt, aus dem die Kirche jugendliche
Schönheit erhält – nicht durch kosmetische Wässerchen und Salben, sondern durch das Vorbild Jesu Christi und durch die stets neue und erneuernde
Kraft seiner Liebe. Und gelebte Ehe ist ein bevorzugter Raum, in dem etwas
von dieser inneren und so oft verdeckten „Kosmetik" sichtbar wird. Wahre
und verläßliche Liebe macht das Leben schön. Sie ist wie ein Fenster, durch
das diese Welt transparent wird auf die größere Liebe hin – auf die zuvorkommende Liebe Jesu Christi und darüber hinaus auf die alle umgreifende
Liebe Gottes, des Vaters.

Wenn wir jetzt Ihre in 25 Jahren bewährte Ehe „segnen", ist das eine ver-
trauensvolle Bitte darum, daß Sie auf Ihrem weiteren gemeinsamen Weg aus
diesen Quellen schöpfen können und daß Sie Taufe und Ehe in neuen Varia-
tionen verwirklichen.

Dabei wissen wir uns alle einbezogen, denn wir alle haben etwas von der
Liebe erfahren, die das Leben schön und lebenswert macht, und die weiter-
gegeben werden will. Wir haben gemeinsamen Grund zu Lobpreis und
Segensbitte.

2.4 Liturgische Ausgestaltung

Das deutsche Benediktionale bietet für die Silberne und für die Goldene
Hochzeit eine Segnung der Eheleute (S. 120–124 u. 124–128). Sie hat ihren
Ort nach dem Evangelium und der Homilie der Meßfeier, könnte aber auch
gegebenenfalls den Abschluß eines Wortgottesdienstes bilden.

Im Meßbuch findet man Orationen für die entsprechende Eucharistiefeier
(S. 994 bzw. 995). Im Rahmen einer solchen ergibt sich folgender *Ablauf
der Meßfeier:*

– Eröffnung und Wortgottesdienst bis zur Homilie
– Segnung der Eheleute
– Eucharistiefeier
– Entlassung mit einem feierlichen Schlußsegen, entnommen den Trauungs-
   messen (Meßbuch, S. 980ff oder 990ff).

Die *Segnung der Eheleute* nach dem Wortgottesdienst der Meßfeier sieht
dabei folgende Elemente vor (Benediktionale S. 120–124):

– Anrede des Zelebranten mit Erinnerung an die Trauung
– Handreichung der Eheleute und Umwinden der Hände mit der Stola

– Gebet des Zelebranten mit Dank, Segnung und Bitte
– Fürbitten.

In den angebotenen Texten kommt das Taufmotiv nicht ausdrücklich vor, wird aber nach einer entsprechenden Homilie implizit mitklingen und kann in die variablen Texte (Anrede des Zelebranten, Fürbitten, evtl. als zusätzliches Dankmotiv im Segensgebet) eingefügt werden. Ob eine ausdrücklichere Tauferinnerung (Glaubensbekenntnis und Besprengen mit Weihwasser) angebracht ist oder eher aufgesetzt erscheint und den Ablauf verunklärt, wäre zu prüfen (vgl. dazu auch unter Pkt. 2.5).
Musikalisch werden *Gesänge zum Lob und Dank* (GL 257–287) die Feier bestimmen. Entfernte Anklänge an die Taufe kann man finden in GL 266: „Nun danket alle Gott" (Str. 1) und in GL 289: „Herr, deine Güt ist unbegrenzt" (Str. 2). – Als *Antwortpsalm* zu den vorgeschlagenen Lesungen bietet sich an GL 751,1+2: „Dies ist mein Gebot…" (mit den VV. 1–2 u. 7–10).

2.5 Pastorale Perspektiven

Es ist vorgeschlagen worden, Eheleute zu ermutigen, ihr Jubiläum zusammenzulegen und nach Möglichkeit im Sonntagsgottesdienst der Gemeinde zu feiern (Manfred Probst). Das wird sich nur manchmal realisieren lassen, da solche Feiern ihre eigenen Gesetzlichkeiten im Hinblick auf Termine und familiäre Interessen haben. Deswegen geht man mancherorts einen anderen Weg, der Eheleuten nach einer Zeit von 10, 20, 25 und/oder 50 Jahren helfen soll, ihre Ehe zu reflektieren, zu vertiefen und zu erneuern: Einmal im Jahr werden die betreffenden Paare der Gemeinde zu einem gemeinsamen Besinnungstag oder -wochenende mit ökumenischem Charakter eingeladen. Hier könnten auch die von uns vorgeschlagenen Zusammenhänge (Proexistenz Jesu – Zuwendung in der Taufe – Realisierung in der Ehe) besser zum Tragen kommen. Sehr gute Anregungen findet man bei Dieter Emeis, Eingetaucht zu neuem Leben, Freiburg 1995. In einem Gottesdienst kann das Taufgedächtnis einen organischen Ort finden, eventuell verbunden mit einer „Erneuerung des Eheversprechens", wie sie die charismatische Gemeindeerneuerung anregt (Heribert Mühlen, Erfahrungen mit dem Heiligen Geist, Mainz 1979, 179f).

3 Begräbnisliturgie

3.1 Pastorale Ausgangssituation

3.1.1 Heilsame Konfrontation

Wer an einer Begräbnisfeier teilnimmt, wird mit der Realität des Todes konfrontiert. Er muß sich irgendwie dieser unausweichlichen und beängstigenden Wirklichkeit menschlichen Lebens stellen und sich mit ihr auseinandersetzen.

Bekanntermaßen tendiert der Mensch in der modernen Gesellschaft ansonsten zu massiver Todesverdrängung; neuerdings wieder mit ihren verschiedenen Folgen deutlich aufgezeigt von Horst-Eberhard Richter, Umgang mit Angst, Düsseldorf u. Wien 1993. Seine Darstellung aus psychotherapeutischer Sicht macht einen bedenklichen Circulus vitiosus deutlich, in den solches Verhalten führt: Angst verdrängt den Tod; aber verschwiegen und versteckt lähmt der Tod das Leben. Noch kürzer gesagt: Der verbannte Tod rächt sich an den Lebenden.

Auf solchem Hintergrund wächst christlicher Begräbnisliturgie und Trauerpastoral verstärkt die Aufgabe zu, zu helfen, daß die anfangs genannte Konfrontation heilsamere Wege findet.

3.1.2 Annahme des Todes und Sinndeutung des Sterbens

Der Tod hat ein Janusgesicht. Er weckt Gefühle der Sinnlosigkeit und der Hoffnung. Auch die Deutungen der Philosophen und Dichter sind von dieser Doppelgesichtigkeit bestimmt. Christliche Liturgie und Verkündigung muß diese Ambivalenz berücksichtigen. Sie darf die Trauer, Zweifel und Hilflosigkeit der Betroffenen nicht überspringen, darf aber auch die *„Rede und Antwort von der Hoffnung, die uns erfüllt"* (Vgl. 1 Petr 3,15) nicht schuldig bleiben. Ersteres steht mehr im Dienst der Annahme des Todes, letzteres soll der Hoffnung Ausdruck und Richtung geben.

Im Neuen Testament begegnen beide Aspekte eng miteinander verbunden als Mitte frühester Christusverkündigung im sog. Credo von Tod und Auferstehung Christi (1 Kor 15,3–5) und in der Mitte des Philipperhymnus (Phil 2,8f) – beide schon aus vorpaulinischer Tradition. Und ähnlich unmittelbar wird eine Verbindung dieser Zwei-Einheit zum Sterben und einer neuen Existenz des Christen gesehen: *„Wenn Jesus – und das ist unser Glaube – gestorben und auferstanden ist, dann wird Gott durch Jesus auch die Verstorbenen zusammen mit ihm zur Herrlichkeit führen"* (1 Thess 4,14; vgl. 5,10 u. Röm 14,7; 1 Kor 15,20ff; Röm 14,7ff). Auf diesen Zusammenhängen beruht christliches *„Trösten, Ermahnen und Aufrichten"* (Vgl. 1 Thess 5,11): Annehmen des Todes als Geschick, das uns mit Christus verbindet, und gläubige Hoffnung darauf, daß diese Verbundenheit mit ihm durch den Tod hindurch Leben verheißt.

3.1.3 Taufe als Vorwegnahme von Sterben und neuem Leben

Zustande kommt diese Verknüpfung der Geschichte Christi und unserer Geschichte durch die Taufe. Neutestamentlich ist es ihre erste, grundlegende Bedeutung, daß sie als Taufe „im Namen Jesu" den Täufling an den gekreuzigten und auferstandenen Christus übereignet und ihn hineinnimmt in seinen Weg durch den Tod zum Leben. In der frühen Kirche hatte das konkrete Anhaltspunkte im Vorgang der Taufe. Wenn der erwachsene Täufling in das Taufbecken hinabstieg, dort durch Übergießen oder Untertauchen getauft wurde und als Getaufter wieder heraufstieg, wurde anschaulich, daß „das heilsame Bad zugleich Grab und Mutter" ist (Cyrill von Jerusalem). Im Glauben will es für alle Formen der Taufe festgehalten werden. Wenn der Getaufte „seinem Sterben entgegengeht, darf er auf Grund der Taufe gewiß sein, daß er von seinem Tode bereits herkommt… (und) daß er am neuen Leben schon Anteil hat" (Edmund Schlink).

Diese enge Verbundenheit von Taufe, Sterben und Auferstehen Christi und des Christen löste sich im Laufe der Geschichte in Theologie und Verkündigung auf und wird heute wieder im Leitgedanken vom „Paschamysterium" zusammengefaßt. Sie wurde mitbestimmend für die Reform sowohl der Taufliturgie wie auch der Begräbnisliturgie und umgreift so das ganze christliche Leben. Die Verkündigung angesichts des Todes kann darauf zurückgreifen: Die Taufe ist symbolische Annahme der Wahrheit, daß wir den Tod erleiden müssen (Dieter Emeis); sie ist aber auch schon ein erstes Überschreiten der natürlichen Lebensgrenze in den Lebensraum Gottes hinein, in den wir die Verstorbenen in Hoffnung loslassen können. Uns „Hinterbliebenen" gibt sie die Möglichkeit, solche Überschritte aus dem Tod in das Leben schon jetzt zu realisieren, z. B. *„wenn wir die Brüder und Schwestern lieben"* (1 Joh 3,14).

In einer einigermaßen homogen-christlichen Trauergemeinde wird dabei das biblische „Mit-Christus" eine tragende Rolle spielen. Für eine vielfältiger zusammengesetzte Gemeinde, wie sie beim Begräbnis fast die Regel ist, empfiehlt sich der Ausgang von Lebenserfahrungen, in denen „Sterben" und (reicheres, vertieftes) „Leben" ineinandergreifen (Vgl. unseren Versuch unter Pkt. 3.3).

3.2 Biblische Orientierung

Das Angebot an Schriftlesungen für das Begräbnis und für die Meßfeier für Verstorbene im Meßlektionar ist reich (Bd. VII, S. 401–505). Das Rituale für die Begräbnisfeier enthält einen Auszug mit 38 Kurzfassungen (S. 125–144) und dazu eine Reihe kurzer Schriftworte, meist nur einen Vers umfassend.

Die Thematik Taufe steht dabei manchmal im Hintergrund; sie ist nur in einer Perikope ausdrücklich angesprochen, in dieser dafür in einer komprimierten Zusammenfassung der genannten theologischen Trias Taufe – Tod und Auferstehung Christi – Sterben und Auferstehen des Getauften: Röm 6,3–9.

3.2.1 Röm 6,3–9: Auf Christi Tod getauft, mit ihm als neue Menschen leben

(Meßlektionar Bd. VII, S. 437, Kurzfassung ebd. 437f und in: Die Begräbnisfeier, S. 130)

Wir treffen hier auf die Zentralstelle für die paulinische Tauftheologie, möglicherweise erwachsen aus der Taufkatechese oder Taufliturgie (O. Michel; vgl. V. 3: *„Wißt ihr denn nicht …?"*). Sie ist zugleich eine Schlüsselstelle für das enge Mit-Christus-Sein des Christen, konzentriert auf das Mit-Sterben und Mit-Auferstehen.

Unbeschadet der Differenzen in Einzelfragen der Exegese (Einfluß der Taufliturgie; Übernahme von vor- bzw. außerchristlichen Denkweisen; das Wie der „Vergegenwärtigung" u.a.) lassen sich folgende Aussagen aus dem mehrschichtigen Text erheben:

– Im Taufgeschehen werden – über den zeitlichen Abstand hinweg – der Tod Jesu Christi und seine Auferstehung als gegenwärtig und wirksam vorausgesetzt.

– Taufe *„auf Jesus Christus"* bedeutet eingetaucht und *„begraben werden in seinen Tod"* (V. 4, Urtext und Exegeten sind hier deutlicher als die Einheitsübersetzung) darum für den Getauften eine Teilnahme an seinem Kreuz und Sterben (VV. 5ff).

– Durch die Taufe werden die Getauften auch hineingenommen in Jesu Christi Weg durch den Tod in das Leben (V. 4.8).

– Im Leben der Getauften wird diese sakramentale Verbindung mit dem Geschick Jesu Christi auf verschiedenen Ebenen verwirklicht:
(1) ‚ethisch-asketisch', indem der Getaufte der Sünde stirbt und aus ihrer Sklavenherrschaft befreit als neuer Mensch für Gott lebt (VV. 4.6f.11);
(2) ‚existentiell', indem er in Glaube und Liebe den Überschritt aus dem Tod ins Leben vollzieht (vgl. Joh 5,24 u. 1 Joh 3,14);
(3) ‚eschatologisch', wenn er am Ende des Lebens und der Geschichte die Vollendung des Lebens erfährt.

Die enge Verquickung der verschiedenen Zeit- und Lebensebenen (Christusereignis, Taufgeschehen, Christenleben, Indikativ, Imperativ, individuelles Lebensende und eschatologische Vollendung), die gelegentlich als „unklarer Fortschritt der Gedanken" und „Anzeichen einer gewissen Verlegenheit" ausgelegt wurde, ist Ausdruck der engen Zusammengehörigkeit der verschiedenen Aspekte des einen Geschehens.

3.2.2 Joh 12,23–28: Wenn das Weizenkorn in die Erde fällt und stirbt, bringt es reiche Frucht

(Meßlektionar Bd. VII, S. 482f; Kurzfassung S. 483)

Das Gleichnis vom Weizenkorn macht ein paradoxes Gesetz anschaulich, das den Weg Jesu bestimmt und das auch das Leben seiner Jünger bestimmen soll: Sterben kann Lebensgewinn bedeuten, Verlust des Lebens kann dessen eigentliche Rettung sein (Vgl. die synopt. Fassung zu V. 25: Mk 8,31parr); freies Hergeben des Lebens mit Jesus bedeutet dessen endgültige Bewahrung beim Vater.

Der Text hat dabei zwar nicht die Taufe im Blick, ist aber in seinen Aussagen mit Röm 6 verwandt und ist geeignet, wichtige Linien dieser Lesung knapp zu verdeutlichen.

3.3 Homiletische Erschließung

3.3.1 Vorbemerkung

Je nachdem, ob die folgenden Anregungen beim Begräbnis oder bei der Eucharistiefeier (Requiem) Verwendung finden, werden am Beginn und Ende Einzelheiten anzupassen sein. Konzipiert sind sie auf der Grundlage der angegebenen Schriftlesungen für die Meßfeier. Die im Mittelstück verwendeten Beispiele und Zitate entstammen weitgehend dem Aufsatz von Friedrich Wulf, Die innere Zuordnung von Geborenwerden und Sterben, in: Geist und Leben 61 (1988) 46–63.

3.3.2 Gedanken zur Ansprache

Betroffen

Wenn wir einen lieben Menschen verlieren, überfallen uns Trauer und Schmerz. Unser Herz wehrt sich dagegen, daß der Tod das Leben beendet und daß er kostbare Beziehungen abbricht. Ein Stück unseres eigenen Lebens stirbt mit.

„Betroffen" erfahren wir uns alle, die am Begräbnis teilnehmen, wie nahe oder fern wir dem Verstorbenen auch standen. Die Begegnung mit dem Tode eines jeden Mitmenschen rührt an unseren Lebensnerv, an ein Wissen, das wir sonst zu vergessen oder zu verdrängen suchen: Auch unserem Leben ist diese Grenze gesetzt. Wie sehr wir es lieben – wir können es nicht behalten, sondern werden es verlieren.

Trotz dieser Gefühle der Trauer, des Verlusts und der Betroffenheit sprechen die Worte und Gesänge beim Begräbnis und in der Meßfeier nicht nur von Schmerz und Trauer, sondern wie selbstverständlich – für manchen sicher zu selbstverständlich – vom Leben. In den Lesungen, die wir gehört haben, war vom Sterben und Leben die Rede – in dieser Reihenfolge, und wie in einem Atemzuge miteinander verbunden, als gehörten sie engstens zusammen, als gingen Tod und Auferstehung nahtlos ineinander über. Und sie geben sicher manchen unter uns so unmittelbar Hoffnung über den Tod hinaus. Aber die Realität des Todes läßt andere unter uns fragen, ob sich solcher Glaube etwas einsichtiger erschließen läßt. Wir können dies versuchen, indem wir auf Erfahrungen zurückgreifen, die wir mitten im Leben machen und die uns allen zugänglich sind.

Erfahrungen vom Sterben und Leben
Es gibt mitten in unserem Leben Erfahrungen, die etwas vom Sterben an sich haben und zugleich einen Schritt in ein neues Leben bilden. (Die folgenden Beispiele sind zur Auswahl gedacht und wollen der Situation entsprechend modifiziert werden):
– Es beginnt schon mit unserer Geburt, von der jemand sagt: Sie war „ein Todeskampf, aber er stieß mich ins Leben" (Fridolin Stier). Was uns als Ende unseres bisherigen geborgenen Lebens vorkommen mußte, war Übergang in die Welt mit ihren Menschen, Formen, Farben und Lauten.
– Etwas ähnliches haben Entwicklungsschritte und Krisen im Kindes- und Jugendalter an sich: Wir müssen einen gewohnten Lebensraum verlassen, nicht selten mit Ängsten (die wir später vergessen haben), und gewinnen neue, größere Lebensräume. Reifungsschritte sind Lebensbereicherung durch Sterbeerfahrungen hindurch.
– Von der Ehe sagen namhafte Psychologen und Berater: Sie ist „das Experiment des Kreuzes" (Carl Gustav Jung) und zugleich „der Durchgang zu einer Lebensfülle, die schon hier, in inselhaften Ereignissen der Beglückung, ihren Anfang nimmt" (Karl Herbert Mandel).
– In einer Lebenskrise des nahenden Alters schreibt der 60jährige Goethe: „Und solang du das nicht hast / dieses Stirb und Werde! / Bist du nur ein trüber Gast / auf der dunklen Erde." Diese Einsicht vom „Stirb und Werde!" wurde der Schlüssel für seine reifste Lebensperiode.
Solche und vergleichbare Lebenserfahrungen machen deutlich: Unser ganzes Leben hindurch erleiden wir Sterbeerfahrungen, die sich im Nachhinein als Überschritte zum reiferen und erfüllteren Leben zeigen. Was christlicher Glaube für das Lebensende sagt, ist schon wie eine durchgehende Spur in unser irdisches Leben eingeschrieben.

Christliche Vertiefung im „Mit-Christus" und in der Taufe
Christlicher Glaube geht aber in eine größere Weite und Tiefe. Er sagt uns das, was wir am Leben ablesen, auch über jenes Sterben hinaus zu, das uns jetzt so endgültig scheint. Er sieht es begründet im Geschick Jesu Christi. Als sein Lebenswerk gescheitert schien und er selber am Kreuze endete, erfuhren Menschen, daß dieses Ende der Schritt in ein größeres Leben war – Leben bei Gott. Sie erfuhren es so überzeugend, daß sie die bange Angst vor dem eigenen Tode verloren, selbst vor dem gewaltsamen Tode im Martyrium. Sie wußten – und wir glauben es mit ihnen –, daß

unsere Verbundenheit mit Christus im Tode nicht abbricht, sondern vertieft wird.

Verankert sieht das die Kirche in der Taufe. Sie „verknotet" unser Geschick untrennbar mit dem Geschick Christi. Taufe ist Todes- und Lebenssymbol in einem: „Wir wurden getauft und begraben in Jesu Christi Tod hinein", und wir sind dadurch auch in sein Auferstehungsleben einbezogen.

Beides – Sterben und Leben mit Christus – wirkt schon seit der Taufe in unser Leben hinein, wenn wir sie als erwachsene Christen bewußt nachholen. Getauft sein bedeutet dann: Nicht mehr ängstlich am eigenen Leben zu hängen – am „Ich", „Mein", „Mir", „Mich" – sondern frei zu sein für das „Du", „Dein", „Dir", „Dich". Getauft zu sein heißt auch: Das Leben nicht selber retten zu wollen und zu müssen (was niemand von uns kann), sondern es im Leben Gottes geborgen zu wissen und in Glauben und Gebet Gottes Händen anzuvertrauen. Solches Leben aus der Taufe „kostet das Leben und gibt dem Leben zugleich seine größte Intensität" (Corona Bamberg).

Wir geleiten einen getauften Christen zum Grabe. Wir denken dankbar an das, was in seinem Leben Glaube und Liebe war: Die Sorge um andere, das Zugehen auf andere, die Hilfe für andere, Vertrauen auf Gott... All das waren schon Schritte aus dem Tod in das Leben. Zeichen aus der Taufe begleiten diesen letzten Weg mit ihm: Kreuz und Wasser des Lebens am Grabe; die Osterkerze in der Meßfeier und österlicher Gesang. Auch sie wollen uns versichern, daß Gott einlöst, was er in der Taufe versprochen hat: Leben durch den Tod hindurch.

3.4 Liturgische Ausgestaltung

Der Ritualeteil „Die Begräbnisfeier" sieht drei Grundtypen der Begräbnisliturgie vor, wobei der erste noch einmal Varianten hat, je nachdem, in welcher Reihenfolge Begräbnis und Eucharistiefeier stehen. Wo es die Umstände gestatten, wird man der Abfolge Beisetzung – Eucharistiefeier den Vorzug geben. Bei ersterer haben Abschied und Trauer ein größeres Gewicht und in der Eucharistiefeier die österliche Hoffnung, ohne daß beide Aspekte voneinander abgetrennt werden sollen. Die Taufthematik im oben vorgeschlagenen Sinn läßt sich dann ausführlicher der Eucharistiefeier zuordnen, die „der Höhepunkt des christlichen Begräbnisses" ist (Pastorale Einführung, Nr. 19).

Beim Begräbnis weisen das Besprengen mit Weihwasser und der Gebrauch von Weihrauch darauf hin, „daß der Christ bereits durch die Taufe für das ewige Leben bestimmt war" und in ihr „Tempel des Heiligen Geistes geworden ist" (Ebd., Nr. 31). Im Ritus werden die Zeichenhandlungen von entsprechenden Texten begleitet. Bei der Feier in der Kirche soll die Osterkerze an einem gut sichtbaren Platz aufgestellt werden, „um so den Zusammenhang zwischen Taufe, Sterben und Auferstehen der Gläubigen mit der Auferstehung Christi sichtbar zu machen" (Ebd., Nr, 32).

Bei den angebotenen Texten für das Begräbnis ist das Paschamysterium ein Leitthema, und es ist mehr eine Frage der Auswahl und des Umgangs mit ihnen, wie deutlich es zum Tragen kommt. In der Eucharistiefeier kommt es zur Sprache in den Präfationen I, II und V für die Verstorbenen. Direkter wird der Bezug zur Taufe noch einmal ausgedrückt in den Einschüben für die Verstorbenen in den Hochgebeten II und III. Der Bezug zur Eucharistiefeier als ganzer ist dadurch gegeben, daß wir in ihr den Tod des Herrn verkünden und seine Auferstehung preisen, bis er kommt in Herrlichkeit (Gemeindeakklamation nach den Einsetzungsworten).

Unsere Thematik finden wir mit verschiedener Akzentuierung in folgenden Gesängen:

- GL 654: „Mitten im Leben sind wir mit dem Tod umfangen"
- GL 652: „Jesus starb den Tod, den alle Menschen sterben" (Kyrie)
- GL 552: „Alles Leben ist dunkel"
- GL 620: „Das Weizenkorn muß sterben"
- GL 183: „Wer leben will wie Gott auf dieser Erde"
- GL 540: „Sei gelobt, Herr Jesus Christ"
- GL 220, 3.–5. Str.: „Wir sind getauft auf Christi Tod".

3.5 Pastorale Perspektiven

Soweit die Thematik der Begräbnisliturgie direkt oder indirekt die Lebenden anspricht, kann und soll sie Mahnung und Ermutigung sein, ihr Christsein zu verstehen und zu leben, wie es in der Taufe angelegt ist. Zusammengefaßt finden wir das in einem Text aus dem Cherubinischen Wandersmann von Angelus Silesius: *„Ich glaube keinen Tod. / Sterb ich gleich alle Stunden, / so hab ich jedesmal ein besser Leben funden. / Und dieses neue Leben / wird durch den Tod gegeben."*

II   *Am Taufort der Gemeinde* (*Franz Peter Tebartz-van Elst*)

1   Pastorale Ausgangssituation

Im Bewußtsein vieler Gemeinden ist der Taufort kaum als liturgischer Ort präsent. Das mag häufig daran liegen, daß die Taufstätte in einer Pfarrkirche ausschließlich funktional betrachtet wird. Hier zeigt sich damit auch die große Diskrepanz zwischen der theologischen Wertschätzung der Taufe auf der einen Seite und einer entsprechend pastoralliturgisch vernachlässigten Reflexion der praktischen Ausgestaltung. Auch wenn die kirchenrechtliche Forderung des katholischen CIC 1983 in can 858 §1 vorsieht, daß jede Pfarrkirche einen Taufbrunnen haben muß, ist damit noch nichts über eine sinnvolle und spirituell in-‚spirierende‘ Ausgestaltung dieses liturgischen Ortes und der damit indirekt auch vorgegebenen bzw. möglichen Symbolhandlungen gesagt. Ausführlicher äußert sich das Rituale „Die Feier der Kindertaufe" im V. Kapitel (Art. 44) zur Gestaltung des Taufortes. Er soll demnach die Stätte sein, an der sich der Taufbrunnen befindet und auch für die Feier der Taufe reserviert bleiben. Er soll in jeder Hinsicht der Feier der Taufe entsprechen und nach Ablauf der österlichen Zeit der bevorzugte Ort für die Aufstellung der Osterkerze sein. Wo der Taufbrunnen keinem eigenen Taufraum zugeordnet ist, kann er auch in der Kirche Aufstellung finden; sollte dann aber von allen Gläubigen eingesehen werden können und eine Versammlung der Gemeinde um den Taufbrunnen ermöglichen.

Diese letzte, mehr als ergänzende Möglichkeit bzw. Ausnahmeregelung verstandene Verfügung scheint in den Gemeinden aber die durchgängige Praxis zu sein. Vor allem in älteren Kirchen erkennt man an der Aufstellung des Taufbrunnens in einer Nische der Nordseite von traditionell geosteten Gotteshäusern immer noch die Nachwirkungen der von Karl Borromäus mit dem Mailänder Provinzialkapitel verfügten liturgischen Regelung, wonach gerade die linke Evangelienseite als die wertvollere anzusehen sei und den Taufort damit entsprechend aufwerten würde. Dem heutigen Kirchenbesucher wird dieser symbolische Hintergrund kaum bekannt sein und das Nischendasein eines Taufbrunnens eher den Eindruck erwecken, es handle sich hier um ein mehr oder weniger vergessenes Sakrament. Wo im Zusammenhang der nachkonziliaren Kirchenrenovierungen der vergangenen 30 Jahre der Taufbrunnen im Eingangsbereich der Kirche aufgestellt worden ist, macht er symbolisch sicher überzeugend deutlich, daß das Sakrament der Taufe den Eintritt in die Heilsgemeinschaft der Kirche (Initiation) bewirkt. Wo es aber nur bei dieser Aufstellung bleibt und der den Taufbrunnen umgebende Raum nicht liturgisch als Taufstätte zu erkennen ist bzw. nicht immer wieder durch entsprechende Symbolhandlungen hervorgehoben wird, erscheint in nicht wenigen Kirchenräumen der Taufort eher zu einem Weihwasserbecken herabgestuft.

Eine sensible Bestandsaufnahme der hier skizzierten und weithin anzutreffenden baulichen Beschaffenheit macht deutlich, daß bei aller theologisch-systematischen Klarheit über das Taufsakrament der Symbolreichtum seiner pastoralen und liturgischen Praxis bisher kaum entdeckt und verkündigend umgesetzt worden ist. Das mag wesentlich in der jahrhundertelangen ausschließlichen Praxis der Kindertaufe begründet sein, die in jeder Beziehung zu einer Minimalisierung der liturgischen Taufhandlung geführt hat. Der Taufbrunnen wurde in der Folge dieser Praxis zum verkleinerten Modell des ursprünglichen Taufbades (Baptisterium). Die ursrpüngliche Taufhandlung des dreimaligen Übergießens mit Wasser (Perfusion) bzw. des Eintauchens (Immersion) oder seltener des Untertauchens (Submersion) bei Erwachsenen wurde zu einem Entlanggießen weniger Wassertropfen an der Stirn des Säuglings. Die ausdeutenden Riten der Chrisamsalbung, der Überreichung des weißen Kleides und der Lichtübergabe wurden zu verkürzten, z. T. nur scheinbaren Zeichen ursprünglicher Symbolhandlungen (Vgl. z. B. die weit verbreitete Praxis des Überlegens eines Taufkleides, das unmittelbar danach wieder weggenommen wird). Ein so verkürzter, kontextloser Umgang mit ursprünglich aus sich sprechenden Zeichen muß zwangsläufig zu magischen Mißverständnissen solcher Symbolhandlungen führen. Gleichzeitig haben die Verkürzung der zeichenhaften Ausgestaltung der Taufhandlung auf das Notwendigste (‚Wasser muß fließen!‘) und die Vernachlässigung des Symbolreichtums der ausdeutenden Riten mit dazu beigetragen, daß sich unter den Gläubigen kaum ein spirituelles und pastorales Bewußtsein der eigenen Taufwürde und Sendung ausprägen konnte.

Mit diesen Wahrnehmungen läßt sich umgekehrt die Gestaltung des Taufortes als eine neue pastoralliturgische Chance in den Blick nehmen. Wo gegenwärtig die gesellschaftlichen Voraussetzungen für die Kindertaufe zunehmend schwinden und in nicht wenigen Gemeinden die Erwachsenentaufe als neue pastorale und liturgische Herausforderung begriffen wird, stellen sich ganz neue praktische Fragen nach der Gestaltung der Taufhandlung. Eine angemessene Antwort darauf und eine Suche nach Wegen, die bei aller worthaften Erläuterung das bleibende Geheimnis der Taufe einer Gemeinde erschließen können, lassen sich nur im Horizont eines Taufbewußtseins finden, das sich um eine mystagogische Vergegenwärtigung gerade in Symbolhandlungen bemüht. In diesem Zusammenhang liegt es nahe, gerade die Taufstätten der frühen Kirche auf ihr Anregungspotential für mögliche liturgische Symbolhandlungen am heutigen Taufort der Gemeinde hin zu befragen.

Die Quellenlage zur apostolischen und nachapostolischen Zeit (Vgl. Apg 8,36–38 und Didache 7,1–13) verweist darauf, daß ursprünglich dort getauft wurde, wo reines, fließendes Wasser anzutreffen war. Taufhandlungen waren unter freiem Himmel und an natürlichen Gewässern solange üblich, bis aus Dezenzgründen (Entkleidung von Männern und Frauen bei der

Taufe) die Suche nach geeigneten Taufräumen (öffentliche Badehäuser oder Haus-Nymphäen in Verbindung mit frühen christlichen Hauskirchen) bzw. die Schaffung eigener Taufstätten begann. Diese frühen Taufanlagen (Vgl. Dura Europos in Syrien aus dem Jahr 256) zeigen, daß sich die Taufpraxis zu dieser Zeit auf das Übergießen mit Taufwasser auf den gesamten Körper des Täuflings beschränkt haben muß und die Abmessungen kein Tauchbad zuließen. Diese Praxis wird auch in den späteren Taufpiscinen und Baptisterien der nachkonstantinischen Zeit üblich gewesen sein.

Wer einmal die Gelegenheit hat, solche ursprünglichen Taufstätten der Kirche aufzusuchen (z. B. in den Ruinen der Marienkirche in Ephesus, das Lateranbaptisterium in Rom oder das Baptisterium in Poitiers), ahnt: Dem Ursprung der Kirche in ihrer ganzheitlichen Taufpraxis entspricht hier insofern ein originärer christlicher Glaube, als der Taufort und die dort vollzogenen Taufsymbole die Wirklichkeit des österlichen Glaubens ‚am eigenen Leib' erfahren ließen. So, wie sich menschliches Bewußtsein allgemein immer nur raum-zeitlich ausbildet, kann sich auch das Taufbewußtsein von Christen erst bleibend ausprägen, wo es immer wieder mit dem Taufort in Verbindung gebracht wird und von hier Erinnerungen ausgehen. Dieses pastorale und liturgische Bemühen beginnt mit der Auswahl von entsprechenden Schriftperikopen, die die Symbolik des Taufortes bergen und gleichzeitig das Aufsuchen dieses Ortes zum Gottesdienst bzw. beim persönlichen Besuch einer Kirche deuten.

2 Biblische Orientierung

Schriftperikope: Röm 6,3–11
Diese Schriftlesung bietet sich an, wenn die Taufhandlung in bezug auf den Taufort symboldidaktisch erschlossen werden soll.

Eine mystagogische Erschließung des Taufortes als Ort, der Erinnerungen in sich birgt und freigibt, braucht die Deutung und Vertiefung durch eine Schriftperikope, die die spezifische Symbolik des Taufvorgangs bzw. Aspekte davon enthält. Hier bietet sich Röm 6,3–11 als klassische Taufperikope an. Formal ist sie im Stil eines Dialogs mit einem fiktiven, hier jüdischen Partner (Diatribe) konzipiert. Darin erörtert Paulus aber im Blick auf seinen Adressaten, die Gemeinde von Rom, die neue Wirklichkeit der Heilsgnade, die der Glaube schenkt. Paulus verweist dabei auf die Taufe und den Tod Jesu. Durch das Untertauchen bei der Taufe stirbt gleichsam der ‚alte Mensch'. Dabei greift der Apostel das älteste biblische Auferstehungszeugnis 1 Kor 15,3f in katechetischer Absicht auf. Die Abfolge ‚gestorben – begraben – auferweckt' wird hier auf die Taufe bezogen als die Hineinnahme in das rettende Christusgeheimnis. Durch die Taufe ist der Christ damit dem Herrschaftsbereich der Sünde und eines Gesetzes entrissen, das Menschen immer wieder mit ihrer eigenen Ohnmacht konfrontiert. Für den aber, der in der Taufe mit Christus gestorben und auferstanden ist, erwächst der Widerstand gegen die Sünde und die innere Kraft gegen die Widersprüchlichkeiten und Ausweglosigkeiten des Lebens nicht mehr aus der Forderung des Gesetzes, sondern aus dem Zuspruch der Gnade. Die Taufhandlung symbolisiert damit das Hinübergehen vom Tod zum Leben (Vgl. V. 13) und bringt den neuen Menschen hervor, der in dieser Welt dadurch bestehen kann, daß sein innerer Blick bereits auf die verheißene Welt ausgerichtet ist. Das neue Leben der Taufe ist gleichsam die geschichtliche Wirklichkeit des Glaubens im sterblichen Leib (Vgl. V. 12) (R. Pesch). Die Taufhandlung wird damit zum Real-Symbol der neuen Lebenswirklichkeit.

Taufe ist damit eine sakramentale Realität für den einzelnen wie für die Gemeinschaft der Getauften, die Kirche. Diese Wirklichkeit der Taufe kommt zum Ausdruck in der Freude an Gott und seiner Sache, in der Freiheit und Gelassenheit der Getauften sowie in einer Gemeinschaftsfähigkeit und einem sozialen Verantwortungsbewußtsein der Getauften untereinander. Indem der Getaufte so der Kirche und Gemeinde einverleibt wird, ergeht an ihn die Zusage und der Anspruch, diese Wirklichkeit immer wieder zu vergegenwärtigen. Tauferinnerung am Taufort der Gemeinde ist damit der theologischen Aussage dieser Schriftperikope ausgesprochen nahe.

Schriftperikopen: Jes 55,1–5 bzw. Joh 7,37–38 (ggf. – 44)

Diese Schriftlesungen bieten sich an, wenn der Taufbrunnen und das fließende Wasser in ihrem Symbolwert auf Jesus Christus hin erschlossen werden sollen.

Jes 55,1–5

Diese Perikope aus dem Trostbuch Deuterojesajas macht in starken einleitenden Imperativen deutlich, daß es um eine Heilsankündigung geht (Vgl. V. 1), die zum Hören hinführen soll. Diese Aufforderung hat dann aber wieder ‚paradoxerweise‘ die Sättigung und Labung der Hörenden zum Ziel (Claus Westermann). Die Besonderheit der Imperative in den VV. 1–3a besteht darin, daß sie in der Sprache des Sehens zum Ausdruck gebracht werden. Es geht hier nicht primär um ein neues Heilsereignis, sondern um einen neuen, unverbrüchlichen Heilszustand, der von Jahwe her für immer gilt und nicht wieder zurückgenommen wird. Nach der bitteren Erfahrung des Zerfalls des einst machtvollen davidischen Reiches wird Israel jetzt mit einer Lebensfülle beschenkt, die über das bisherige hinausreicht. Der bleibende Bund beginnt jetzt und ist nicht auf politische Zusagen ausgerichtet. Er ist umfassender und erweist sich auch in äußeren Niederlagen als innerlich beständig. Dafür soll Israel vor allen anderen Völkern Zeuge sein.

Auf diesem exegetischen Hintergrund erschließt sich ein Zugang zur spezifischen Symbolik des Taufortes und des Taufsakramentes. Wer einmal durch den Empfang des Taufsakramentes Gottes bleibenden Bund empfangen hat, kann ihn nicht mehr verlieren. Diese Beständigkeit braucht aber immer wieder Erinnerungen und Vergewisserungen; die Einladung, immer wieder zum Wasser kommen zu dürfen und umsonst in den unterschiedlichen Trockenheiten des eigenen Lebens trinken zu dürfen. Nur wer hört und immer wieder sein Ohr neigt (Vgl. VV. 2b.3), d. h. wer sich seiner Taufe inne wird, wird leben (V. 3). Und wer so aus der Taufe lebt und den Ort der Erinnerung pflegt, wird zum Zeichen für andere. In diesem Sinne Sakrament für die Welt zu sein, ist die kirchliche Berufung des Getauften und Gefirmten. Mit der Einladung und Segensverheißung von Jes 55,1–5 eröffnet sich ein schriftgemäßer mystagogischer Zugang zum Taufort der Gemeinde, der sich durch die Einbeziehung der folgenden Evangelienperikope noch zuspitzen läßt.

Joh 7,37–38 (ggf. – 44)

Die Einladung Jesu in VV. 37–38 *„Wer Durst hat, komme zu mir und es trinke, wer an mich glaubt"* ergeht im Kontext des Laubhüttenfestes. Am 7. Tag der Festwoche zogen die Priester in der Frühe zur Schiloachquelle, um Wasser zu schöpfen, das dann in den Tempel gebracht wurde, um es dort zum letzten Mal auf dem Brandopferaltar auszugießen. Diese unter dem Jubel des Volkes vorgenommene Handlung sollte an den Felsen erinnern, der zur Zeit der Mose-Generation Wasser spendete. Gleichzeitig sollte diese Symbolhandlung an die Tempelquelle erinnern, aus der nach der Verheißung des Propheten in der messianischen Zeit beständig frisches Wasser fließen soll (Vgl. z. B. Ez 47). Wasser und Durst sind damit für die orientalische Welt ausdrucksstarke Sinnbilder von Gabe und Verlangen nach Heil und Rettung, die aus sich selbst sprechen. Sie können nach dem Verständnis des Johannesevangeliums allenfalls anschaulich machen, daß der Geist Jesu die eigentliche Rettung bringt und letztlich nur den tieferen Lebensdurst des Menschen stillen kann. Damit werden hier vom Evangelisten weitere Verweiszusammenhänge aufgetan: Die Kreuzigung, bei der durch den Lanzenstich die Seite Jesu zur wahren Quelle wird (Vgl. Joh 19,34), aus der Blut und Wasser und – entsprechend dem kirchlichen Beten – die Sakramente der Kirche entspringen. Ferner klingt hier die Anhauchung der Jünger mit dem Geist am Ostertag an (Vgl. Joh 20,22). Die alttestamentlich vorbereitete Verbindung von Wasser und Geist und die Einladung Jesu am Laubhüttenfest, *„bei ihm zu trinken"* (Vgl. VV. 37–38) heben nach dem Zeugnis des Johannesevangeliums einmal in den Blick, daß der Kult Israels in Jesus seine Erfüllung gefunden hat. Zum anderen lädt diese Verbindung dazu ein, die Wasser-Geist-Symbolik auch als Interpretament auf die Taufe, den Tod und die Auferstehung Jesu hin zu verstehen. Die liturgische Tauferinnerung von Christen findet damit in den Sinnbildern dieser Schriftperikope deutende Zugänge zu einer mystagogischen Erschließung des Taufbrunnens im erläuterten biblischen Horizont.

3 Homiletische Erschließung

Getauft. – Und dann?

Es ist noch nicht lange her, da hätte man hinter einer solchen Formulierung kein Fragezeichen gemacht; – vielleicht eher ein Ausrufungszeichen. Allen war klar: Ohne Taufe kein Heil! Und alle wußten, wie es nach der Taufe weiterging: Man kam irgendwann in den katholischen Kindergarten, anschließend in die katholische Volksschule, verbrachte die Freizeit in der katholischen Jugendarbeit, entlieh seine Bücher beim katholischen Borromäusverein, vertraute sich in den Tagen der Krankheit der Sorge in einem katholischen Krankenhaus an und so weiter .... .

So wurden Biographien vorgespurt. Die Strahlkraft des christlichen Glaubens nach außen und seine Erfahrung von innen kam aus seiner Beheimatung im konfessionellen Milieu. An dem, was auch die anderen lebten und dachten und was mit ihnen kommuniziert werden konnte, wurde dem einzelnen der eigene Glaube plausibel. Es war klar, warum man als Kind getauft werden mußte, was man davon hatte und wozu das führte. Getauft, um dann dazuzugehören, innerlich mehr oder weniger intensiv, aber äußerlich für alle gleich.

Getauft. – Und dann?

Nach Möglichkeit einen Platz im katholischen Kindergarten; – auf jeden Fall zur Erstkommunion; – vielleicht noch die Firmung ‚mitnehmen‘, um sich die kirchliche Trauung nicht zu ‚verbauen‘. So zu denken, ist heute eher die Regel als die Ausnahme. Was die anderen nicht mehr als sinnvoll – als plausibel – bestätigen, wird mit der Zeit auch manchem Getauften selbst zur Frage.

Wir erleben gegenwärtig: Wo die gesellschaftliche Plausibilität des Glaubens verlorengeht, wackeln bei vielen längst Getauften die Fundamente. Die Bestätigungen von außen – seien es die Erwartungshaltungen der anderen, institutionelle Absicherungen oder emotionale Nischen, die ein Stück Heimat und Stabilität vermitteln, schaffen noch keine verläßliche Glaubensidentität. Ob es ‚Sinn macht‘ zu glauben, ob es ‚sich rechnet‘ zur Kirche zu gehören, wird immer mehr von außen beantwortet.

Eine Gesellschaft, die heute jedem das Seine läßt, überläßt den Menschen sich selbst. In der Vereinzelung kann er sich selbst verwirklichen und droht doch immer einsamer zu werden. Eine Gesellschaft, die Beziehungen nicht mehr vorgibt, sondern auswählen läßt, macht den Menschen scheinbar unabhängiger, und doch droht er immer heimatloser zu werden.

Auch wenn sich in unserer Gesellschaft nicht mehr das stützende Korsett für unseren Glauben finden läßt, bleibt sie doch der Ort, an dem sich unser Glaube als sinnvoll erweisen muß. Wer den Christusglauben in der Kirche sucht, kann ihn nicht neben oder außerhalb dieser Welt finden. Damit steht ein Christ, der Zeitgenosse ist, mitten in den gleichen Widersprüchen, Anfragen und Ängsten, die Menschen heute teilen. Er hat die gleichen Fragen: „Wer bin ich?" und „Wo ist Gott?". *„Freude und Hoffnung, Trauer und Angst der Menschen von heute sind auch Freude und Hoffnung, Trauer und Angst der Jünger Christi."* – so sagt es die Kirche in der Pastoralkonstitution des 2. Vaticanums von sich selbst. Der Christ ist genauso verwundbar, genau so sterblich, genauso versuchbar wie andere auch. Was unterscheidet ihn dann noch? Was gibt seinem Glaubensbekenntnis in dieser Welt dann noch eine Bestätigung von innen her, wenn äußerlich keine Vorteile und Notwendigkeiten, keine Stützen mehr sichtbar sind?

„Wir wurden mit Christus begraben durch die Taufe auf seinen Tod. Und wie Christus durch die Herrlichkeit des Vaters von den Toten auferweckt wurde, so sollen auch wir als neue Menschen leben." (Röm 6,4) Die Gegensätze des Lebens spiegeln sich nach diesem Pauluswort geradezu im Getauften. Die Taufe ist kein ‚Siegfriedbad', das einen Herkules stählt. Sie setzt vielmehr in den Verwundungen und Erniedrigungen des eigenen Lebens an. Für den, der in den Strudeln und Fluten zwiespältiger Erfahrungen, scheinbarer Widersprüche und unbeantworteter Fragen des eigenen Lebens unterzugehen droht, gilt, was in großen Lettern über dem Lateranbaptisterium in Rom nach einem Wort Papst Leos des Großen zu lesen ist: *„Hier ist die Quelle des Lebens, den ganzen Erdkreis umspült sie. Aus der Wunde des Herrn nahm sie ihren gesegneten Lauf."*

Das ist auch die Erfahrung der frühen Kirche: ‚Unter Wasser' teilt sich die innerste Plausibilität unseres Glaubens mit. Das zeichenhafte Sterben mit Christus beim Untertauchen dient nicht dazu, den Menschen zu ducken. Es richtet ihn auf, wo er an sich selbst, in seiner eigenen Biographie entdeckt: Wo immer ich in mir selbst in neue Schichten, Tiefen und Abgründe vordringe, ist Gott längst da. Erst wo alle Erfahrungen des eigenen Lebens in Gott eingetaucht werden, wo nichts außen vor bleibt, ausgeblendet, abgespalten und herausgehalten wird – kurzum, wo die positiven Möglichkeiten in den erschreckenden Tiefen zum Lebensbrunnen werden – kann ich als neuer Mensch leben.

Vielleicht wirkt deshalb manches an unserer Kirche trocken, weil es noch nicht eingetaucht wurde in die Abgründe, die noch voll sind von Gott. Vielleicht sprechen wir deshalb so wenig über unsere wirklichen Glaubenserfahrungen und können sie einander nicht anvertrauen, weil wir sie Gott nicht anvertraut haben und ihm zu wenig darin zutrauen! Vielleicht ist das im doppelten Sinn unser Glaubenshemmnis, daß wir nicht wirklich untertauchen.

Wir lernen und wissen viel über die theologische Wirklichkeit der Taufe. Aber wenige Tropfen Wasser am Kopf des Säuglings entlanggegossen schaffen noch nicht die Erfahrung: „O Seligkeit, getauft zu sein!" Es ist nicht die Menge des Wassers, wohl aber die Ernsthaftigkeit, mit der wir unsere Biographie, unsere Liturgie und die Deutung unseres Glaubens zeitlebens mit der Wirklichkeit unserer Taufe in Verbindung bringen: Vom ersten Kreuzzeichen am Morgen eines Tages angefangen, in der Einstimmung in die Lebenshingabe Jesu in der Feier der Eucharistie bis hin zum Empfang des Bußsakramentes als bewußte Tauferneuerung. Von Martin Luther wird berichtet, daß er in dunklen Stunden seines Lebens zum Trost mit Kreide auf sein Pult geschrieben haben soll: „Ich bin getauft!" und er an anderer Stelle das ganze Leben „als ein unter die Taufe kriechen" bezeichnet. Tauferinnerung als innere Bestätigung zu glauben, als Selbstvertrauen und Selbstverwirklichung des Getauften, als Ruf in eine neue Mündigkeit bringt einen neuen Menschen hervor. Wo ich mich plötzlich in den Worten der Schrift, in der Feier der Liturgie, in den Bildern der Psalmen, in der Lektüre eines Glaubensbuches, in einem Gespräch untereinander, im diakonalen Tun, in Kunst, Kultur und Musik wiederfinde mit dem, was in mir leidet und was sich in mir freut, kommt Glaubensgewißheit von innen und von unten her. Mit dem neuen Menschen wächst auch Kirche in der gleichen Bewegung. Auch Kirche hat ihre Plausibilität im Sinne ihrer inneren und äußeren Überzeugungskraft dann von unten und von innen her.

Getauft. – Und dann?
– Der neue Mensch im alten!
– Eine neue Klarheit in den alten Widersprüchen!
– Eine erneuerte Kirche in den überlieferten Strukturen!
– Von unten und von innen her – für außen!

4 Liturgische Ausgestaltung

Die Feier der Tauferinnerung am Taufort der Gemeinde kann gerade für Gruppen, Gebets- und Bibelkreise sowie für ältere Firmlinge im Blick auf die Firmfeier selber zu einer mystagogischen Erfahrung werden, wenn sie die Beteiligten an den Symbolhandlungen direkt beteiligt. Die folgende Tauferneuerungsliturgie wurde in einer Werkwoche zur Pastoral und Liturgie des Katechumenates mit einem Kreis von 15 Seelsorgern bzw. Katecheten gestaltet und kann in jeder Gemeinde mit den genannten Zielgruppen umgesetzt werden.

Aufbau und Struktur einer Tauferneuerungsliturgie innerhalb einer Gruppeneucharistiefeier

Lied
– GL 270,1.2.3: „Kommt herbei, singt dem Herrn"

Einleitung
Vielen erscheint es ungewöhnlich, sich am Taufort unserer Kirche zur Feier unseres Glaubens zu versammeln. Was soll das? Ist es der Rückzug in eine

Nische, weil wir die großen Räume der Kirche immer weniger füllen können? Oder ist es die Umkehr zum Anfang unseres Glaubens, die Erinnerung an den Anfang unserer Kirche, als die ersten Christen im Wasser untergetaucht wurden, um in der Taufe auf Tod und Auferstehung Jesu Christi ihr neues Leben zu finden? Vom Anfang her und von unten her ergibt sich der erlöste Blick in die weiten Räume unserer Lebens- und Kirchengeschichte. Nur vom Ort der Taufe aus können wir im Geist Jesu die Räume der Welt füllen. Im Raum der Kirche hören wir Jesu Einladung, uns wieder an den Anfang zu begeben.

Gebet
Herr, unser Gott. Wir danken dir für das Geschenk dieser Zusammenkunft. Sie hält in uns lebendig, was wir allein vergessen und verlieren würden. Erinnere uns heute neu an den Anfang unseres Lebens aus dir. Festige unsere Gemeinschaft mit dir und miteinander. Schenke uns den Geist deines Sohnes, unseres Herrn Jesus Christus, der in der Einheit des Heiligen Geistes mit dir lebt und herrscht in alle Ewigkeit. Amen

Lesung
Jes 55,1–5 und/oder Röm 6,3–11

Antwortgesang

Evangelium
Joh 7,37–38

Homiletische Hinführung zum Taufgedächtnis

Tauferinnerung

Hinführung
Etwas mit eigenen Augen gesehen zu haben, gilt als besonders beweiskräftig. Wir sehen unseren Taufbrunnen wie immer (evtl. kurze äußere Beschreibung seines Aussehens, seiner Herkunft, seines Alters).
Mit den Augen unseres Glaubens schauen wir aber tiefer. Mit Wasser und Heiligem Geist auf Tod und Auferstehung Jesu Christi getauft, erblicken wir in ihm die Quelle, die nicht versiegt, aus der wir immer trinken dürfen, wo uns die Trockenheiten und Dürren des Lebens die Kehle zuschnüren. Ihm vertrauen wir uns mit den Worten des Psalmisten (Ps 63) an:
Es folgt Psalm 63 in gesungener Form: GL 676 1,2

Allerheiligenlitanei
– GL 762, dazu stehen alle Gottesdienstteilnehmer

Lobpreis und Anrufung Gottes über dem Wasser

Einleitender Gebetsteil
(Diese Gebetseröffnung wird vom vorstehenden Priester gesprochen.)
Allmächtiger, ewiger Gott, deine unsichtbare Macht gibt den Sakramenten der Kirche geheimnisvolle Heilkraft und Wirkung. Auf vielfache Weise hast du das Wasser dafür bereitet, auf die Taufe hinzuweisen.

Anamnetisch-alttestamentlicher Teil
(Dieser erste Teil sollte von einem Lektor gesprochen bzw. von einem Kantor gesungen werden.)
Schon im Anfang schwebte dein Geist über den Wassern, um ihnen heiligende Kraft zu geben. In den Wassern der Sintflut hast du die Taufe vorgebildet, da sie den alten Menschen vernichtet, um neues Leben zu wecken. Die Kinder Abrahams hast du trockenen Fußes durch das Rote Meer geführt. Darin schenkst du uns ein Bild des österlichen Sakramentes, das uns aus der Knechtschaft befreit und hinführt in das Land der Verheißung.

Anamnetisch-neutestamentlicher Teil
(Dieser zweite Teil sollte von einer Lektorin gesprochen bzw. von einer Kantorin gesungen werden.)
Als aber die Fülle der Zeiten kam, wurde dein geliebter Sohn von Johannes getauft und von dir mit heiligem Geist gesalbt, um im Wasser des Jordan unsere Sünden abzuwaschen. Am Kreuz ließ er aus seiner Seite Blut und Wasser hervorquellen und schenkte damit der Kirche Ursprung und Leben. Nach seiner Auferstehung gab er den Jüngern den Auftrag: Geht hin und lehrt alle Völker und tauft sie im Namen des Vaters und des Sohnes und des Heiligen Geistes.

Epikletischer Teil
(Zu dieser Epiklese, die der vorstehende Priester spricht, kann auch – wie in der Osternacht – die am Taufort aufgestellte Osterkerze dreimal in das Wasser eingetaucht werden.)
Allmächtiger Gott, wir bitten dich: Schau hin auf das Antlitz deiner Kirche und mache sie durch das Sakrament der Wiedergeburt zur Mutter vieler Kinder. Schenke diesem Wasser die Kraft des Heiligen Geistes, damit der Mensch, der auf dein Bild hin geschaffen ist, neue Schöpfung werde aus Wasser und Heiligem Geist.
(Die Teilnehmer treten nun näher an den Taufbrunnen, um ggf. ihre Hände mit über das Wasser auszubreiten. Der Priester taucht seine Hände bzw. die Osterkerze in das Wasser und fährt fort:)
Es steige hinab in dieses Wasser die Kraft des Heiligen Geistes, daß alle, die mit Christus in seinen Tod hineinbegraben sind durch die Taufe, mit ihm auferstehen zum ewigen Leben.
(Die Versammelten antworten mit einem feierlichen Amen-Ruf. Anschließend nehmen sie von dem Wasser, um sich damit zu bekreuzigen und in dieser Symbolhandlung persönlich ihre eigene Taufe zu erinnern und zu erneuern. Dazu kann auch gemeinsam oder persönlich in Stille das folgende Gebet gesprochen werden.)

Gebet zur Tauferneuerung

Heiliger, barmherziger Gott, ich nehme neu den Bund an, den du in der Taufe mit mir geschlossen hast. Ich bitte dich: Gieße jetzt deinen Heiligen Geist über mich aus und gib mir die Kraft, immer mehr dir zu gehören. Erleuchte meinen Verstand, stärke meinen Willen, läutere meine Gefühle und meine Wünsche. Sei du der Herr in meinem Leben und erlöse mich von dem Bösen.

Ich widersage dem Mißtrauen gegen dich und bitte dich: Nimm alles von mir, was mich von dir trennt. Erneuere in mir die Gnade der Taufe und der Firmung.

Ich danke dir, daß du mich bejahst, so wie ich bin. Verändere mich so, wie du mich haben willst. Ich bin bereit, alle Geistesgaben anzunehmen, die du mir schenken willst. Mache mich zu einem lebendigen Glied deiner Kirche. Gib mir Kraft und Ausdauer im Einsatz für Gerechtigkeit und Frieden. Ich will dich lieben und verehren, solange ich lebe. Amen.

Lied während der Tauferinnerung und -erneuerung

„Alle meine Quellen entspringen in dir"

Die Fürbitten entfallen in einer solchen Tauferneuerungsliturgie. Die Überleitung zur Gabenbereitung – auch im Sinne der Vergegenwärtigung der Umkehr und Versöhnung, zu der die Besinnung auf die eigene Taufe führt – kann statt dessen durch die Einladung zum Friedensgruß mit entsprechenden Hinweisen gestaltet werden, der damit nach dem Vater unser entfällt.

Verlauf und Reflexion der skizzierten Tauferneuerungsliturgie innerhalb einer Gruppeneucharistiefeier

Die Vorbereitung der hier vorgestellten Tauferneuerungsliturgie wurde gemeinsam von allen Teilnehmern unternommen. Dabei ging es zuerst um die äußere Herrichtung und Ausgestaltung des Taufortes. Man entschied sich für eine ellipsenförmige Anordnung der Sitzreihen, wobei der eine Brennpunkt als Taufgedächtnisort (bzw. Taufort) und der andere durch die Aufstellung eines Altartisches für die Feier der Eucharistie hervorgehoben wurde. Die so erreichte optische Zuordnung machte damit auch den inhaltlich-theologischen Zusammenhang von Taufe und Eucharistie als die beiden Brennpunkte des christlichen Initiationssakramentes anschaulich.

Das Taufgedächtnis sollte innerhalb der Eucharistiefeier nach der Verkündigung des Wortes in den beiden Schriftlesungen und einer homiletischen Vertiefung stattfinden. Die Teilnehmer entschieden sich für Jes 55,1–5 (*„Auf ihr Durstigen, kommt alle zum Wasser!"* Jes 55,1) als Lesung und für Joh 7,37–38 (*„Am letzten Tag des Festes, dem großen Tag, stellte sich Jesus hin und rief: ‚Wer Durst hat, komme zu mir und es trinke, wer an mich glaubt…'"*) als Evangelium. Beide Schriftperikopen bildeten in ihrer inhaltlichen Ausrichtung auf das Symbol der Quelle eine erste mystagogische Hinführung zum Verständnis des Taufortes und damit der Taufe als bleibende Quelle für christliches Leben. Die anschließende homiletische Vertiefung hatte auf diesem Hintergrund einen, von den Teilnehmern bisher häufig ‚übersehenen' Ort im Sinne des biblischen Bildes neu in den Blick zu nehmen und einen bisher ausschließlich funktional bewerteten Ort in Beziehung zu setzen zur eigenen Glaubens- und Lebensexistenz als Getaufte. Diese symbolhafte ‚Verortung' der eigenen Taufe setzt aber nur in dem Maße Erinnerungen frei, wie eine gemeinsame Deutung der Taufstätte einer Gemeinde durch die weitere

Beteiligung aller Gottesdienstteilnehmer an Symbolhandlungen, die dieser Ort nahelegt, angestrebt wird. Die Taufwasserweihe schien dafür innerhalb des Gruppengottesdienstes der geeignete Ritus zu sein. Nach der Allerheiligenlitanei, die alle stehend sangen, wurden alle Teilnehmer vom vorstehenden Priester eingeladen, sich dem Taufbecken zu nähern. Es zeigte sich, daß alle intuitiv einen gewissen Abstand einhielten, der es ihnen schrittweise möglich machte, sich dem Symbol des Wassers auch innerlich so zu nähern, wie es inhaltlich auch im anamnetischen Teil der folgenden Taufwasserweihe zum Ausdruck kam. Diese erinnernde und gedenkende Lobpreisung und Anrufung Gottes über dem Wasser wurde symboldidaktisch dadurch erschlossen, daß das Formular der Taufwasserweihe (Vgl. Meßbuch S. 97–103) auf seine inhaltliche Dynamik hin angeschaut und entsprechend gestaltet wurde. Dadurch, daß der alttestamentlich-anamnetische Teil von einer Männerstimme (Lektor) und der neutestamentliche Teil von einer Frauenstimme (Lektorin) rezitiert wurde, machte gerade der stimmliche Wechsel für diese innere Bewegung aufmerksam, die dann in den epikletischen Teil mündete, der vom Priester gesprochen wurde. Dabei schöpfte er mit den Händen Wasser aus der Schale und ließ es wieder zurückfließen, wodurch sich auch akustisch die belebende Kraft des Wassers vermittelte. Die so freigesetzte Erinnerung, zu dieser Dynamik des Glaubens zu gehören und die dadurch geweckte Bereitschaft, die als Kind empfangene Taufe neu zu verinnerlichen („unter die Taufe zu kriechen") kam durch das gemeinsame und zugleich persönliche Bekenntnis des Glaubens als Credo („*Ich* glaube") zum Ausdruck. Die folgende Einladung, das geweihte Wasser in bewußtem Gedenken an die eigene Taufe zu berühren, ließ den Teilnehmern die Freiheit, dabei eine ihnen gemäße Form zu wählen: ein schlichtes Kreuzzeichen mit dem Taufwasser, das Waschen von Gesicht, Händen oder Armen, das Trinken des Wassers bzw. das Schöpfen des Wassers, um es durch die geöffneten Hände rinnen zu lassen. Während dieser Symbolhandlung wurde das neuere geistliche Lied „Alle meine Quellen entspringen in dir" gesungen. Gerade dieser Refrain ermöglichte in Verbindung mit der leibhaftigen Berührung des Taufwassers eine mystagogische Vertiefung jener Erfahrung, die bereits durch die genannten Schriftperikopen erschlossen war.

Die sich an diese Tauferinnerung anschließende Eucharistie wurde dadurch zu einem mystagogischen Erlebnis ursprünglicher Art, weil sie sich mit einem Mal ganz aus der Dynamik der Taufe mitteilte. Der theologische Zusammenhang von Taufe und Eucharistie bedurfte in diesem Erlebnishorizont keiner weiteren worthaften Erläuterung. Wo Liturgie beginnt, so aus sich selbst zu sprechen, ereignet sich eine Verkündigung, die in die Pastoral der Gemeinde hineinreicht. Daß der Segen und die abschließende Sendung in einen prozessionsartigen Auszug aller zur anschließenden Agapefeier mündeten, machte allen Teilnehmern bewußt, wie sehr die erinnerte und damit neu verinnerlichte Glaubenswirklichkeit des Initiationssakramentes in das Leben hinein drängt. Tauferinnerung am Taufort der Gemeinde kann in diesem Sinne immer wieder einen Ort der Sammlung schaffen, von dem Sendung ausgeht.

5 Pastorale Perspektiven

Wo die neuen pastoralen und liturgischen Herausforderungen durch die steigende Zahl von Erwachsenentaufen aufgegriffen werden, wächst auch eine neue Aufmerksamkeit für den Taufort der Gemeinde. Nicht nur, daß die Taufe von Erwachsenen inmitten der Gemeindeliturgie neue praktische und funktionale Anforderungen an die Ausgestaltung des Taufortes mit sich bringt, sondern in erster Linie die bewußtseinsbildende Wirkung, die von diesem Ort auf den einzelnen Christen, auf Gruppen und auf die gesamte Gemeinde ausgehen kann, macht eine theologiegeschichtliche und pastoralliturgische Aufarbeitung bzw. Auseinandersetzung lohnenswert. Die Wiederbelebung des Erwachsenenkatechumenates in den USA hat dort in den vergangenen Jahren nach einer experimentellen Phase zur Umgestaltung des bis dahin häufig vernachlässigten Taufortes inzwischen zu einem Katalog von Empfehlungen geführt, die gemeinsam von Liturgen, Katecheten, Vertretern der Diözesan- und Gemeindegremien sowie von Architekten erarbeitet wurden. Aus diesen praktischen Richtlinien spricht eine pastorale Option und Perspektive, die in der gegenwärtigen Suche nach dem Profil und der Gestalt einer christlichen Gemeinde in der Erlebnisgesellschaft zu denken geben soll.

Wo die folgenden Empfehlungen in einem Prozeß des Bewußtwerdens und der Erneuerung des Taufortes in einer Gemeinde berücksichtigt werden, ist das Ziel die spirituell-pastorale Wiedergeburt der Ortsgemeinde und nicht eine Baumaßnahme. Ein innerer Gemeindeaufbau braucht aber eine Vision, die an konkreten Orten und in erlebbaren Symbolhandlungen schaut, aus welcher Quelle die Kirche und der einzelne Christ leben. Für diesen Ort und die von ihm ausgehende Liturgie soll deshalb gelten:

1. Der Taufort ist kein zusätzlicher, sondern ein essentieller liturgischer Funktionsort der Gemeinde.
2. Der Taufort sollte nicht mobil, sondern feststehend und damit dauerhaft sein.
3. Der Taufort sollte zu einem eindeutigen Symbol für den Eintritt bzw. die Aufnahme in die Gemeinschaft der Kirche und ihre eucharistische Versammlung werden.
4. Der Taufort sollte für die gesamte versammelte Gemeinde sichtbar sein.
5. Um die gleichberechtigte Praxis von Kinder- und Erwachsenentaufe in der Ortsgemeinde zum Ausdruck zu bringen, sollte der Taufort auch in seiner Gestaltung darauf Rücksicht nehmen. In diesem Zusammenhang wird vorgeschlagen, einen erhöhten Taufbrunnen für die Kindertaufe zu schaffen, aus dem Wasser in die tief gelegene Taufpiscina läuft, wo auch die Erwachsenentaufe stattfindet.

6. Die Immersionstaufe (durch Eintauchen) sollte zu einer vorrangigen Option in der Taufpraxis werden und der Taufort sollte dafür die notwendigen Voraussetzungen bieten, da diese Symbolik die theologische Bedeutung der Taufe als Inkorporation in Jesu Tod und Auferstehung stärker zum Ausdruck bringt. Die Ausmaße für die Taufpiscina sollten so ausgerichtet sein, daß der Täufling in das Becken hineinsteigen kann, dort stehen bzw. knien kann und ihm das Taufwasser über den ganzen Leib gegossen werden kann.

7. Der Taufort sollte die technischen Möglichkeiten enthalten, fließendes, ‚lebendiges‘ Wasser zu erleben, zu berühren und zu schmecken.

8. Die Plazierung des Taufortes im zentralen Eingangsbereich der Kirche in Verbindung mit einem vorgelagerten Narthexraum könnte die Gemeinde vor und nach der liturgischen Feier an der Taufstätte versammeln. Sie würde in diesem Sinn zu einem theologisch sprechenden Symbol für die Sammlung und Sendung der Christen aus der Kraft des Taufsakramentes (Vgl. das reflektierte Beispiel der Tauferneuerungsliturgie in C, II, 4 dieses Bandes).

9. Der Taufort sollte ferner so arrangiert sein, daß er genügend Fläche beinhaltet, um auch eine exponierte Aufstellung der Osterkerze und eine sichtbare Aufbewahrung bzw. Präsentation der heiligen Öle zu ermöglichen.

(Vgl. i. d. Zshg. weiterführend: R. Kuehn, A Process for Renovating the Baptismal Place, in: Catechumenate [A Journal for Christian Initiation] Vol. 12, 1990, 2.–8.; F.-P. Tebartz-van Elst, Der Taufort, in: Kunst und Kirche, 1994, Nr. 1, 28–32; W. Engemann, Im Zeichen des Jona. Zum Ort der Taufe in der Liturgie der Kirche, in: Kunst und Kirche, 1994, Nr. 1, 33–34.)

Diese Anregungen bleiben bei aller in ihnen enthaltenen Perspektivkraft *ein* Beitrag in dem pastoral viel komplexeren Bemühen der Verlebendigung christlicher Taufidentität und dürfen deshalb nicht exklusiv mißverstanden werden. Taufgedächtnis an ausgewählten Orten der Versammlung zum Heil muß immer mehrdimensional ausgerichtet sein. Der biographische Ort des Lebens, der heilsgeschichtliche und theologische Ort der Kirche, die Situation der jeweiligen Ortsgemeinde und nicht zuletzt ihr materialer Taufort können die Sehnsucht nach dem Licht in den Getauften neu entflammen, wo das Leben in seiner Vielfalt immer wieder erinnernd und vergewissernd in den Horizont der Taufe gestellt – oder besser – eingetaucht wird.